Chinese
Creation

擁抱吉力馬札羅的天空

The Sky Of Kilimanjaro

金治華 著

愛、關懷與冒險

【推薦序】

靈光來自淬煉

法務部前部長　王清峰

我和作者治華曾經共事一年多。書中他稱我為「老闆」，但我從來沒付過他薪水，也沒有照顧過他的福利。反倒是，他和另一位美麗的夥伴，每天早出晚歸、風雨無阻的照顧我的安全，讓我可以專心工作，而且從來沒有一句怨言，有時還會捎來一紙卡片，一言半語，令人感動。真的，今生感激不盡。

治華身手矯捷、思考敏銳、見識廣，隱約中可以看得出來，他不斷在觀察、在學習，想突破、想超越。

有一天，他突然跟我說要去非洲登山並為當地的貧童蓋廁所，為了籌措經費，特別訂製襯衫義賣。年輕人有此「雄心」及「愛心」，豈能不支持、不贊助？至於襯衫，我已經有太多的「公益衫」，就免了。我當時實在是太忙，根本沒有想到要問他，為何要跑到非洲去登山？在我心中，反正就是去登山，只是換了一個地點而已，何況一點都難不倒他。至於為貧童蓋廁所，這種事我做過，根本不必問。

萬萬沒想到的是，這是研究所裡「體驗與冒險教育」的一門課程。這門課在台灣的教室只是籌備工作，主要的教室遠在千里外，高達五八九五公尺的非洲第一高峰「吉力馬札羅火山」及五一九九公尺第二高峰「肯亞山」，同時還要準備一個濟貧的服務工作。

當時有膽來修這門課的是，彼此不相識、專業領域不同、各有家庭與工作，體力與腳程不一的四女四男。治華擔任這個團隊的執行長。他們還雄心不小的決議，要同時登上這兩座山。自己得規劃行程、籌措經費、充分的去認識這兩座山、了解當地的地理人文環境、掌控可能的風險以及必要的配備，更要培養足夠的體力、意志力，而團隊彼此體諒、互助合作的默契更是不可或缺。他們有些許經驗，但面對一個全新的目標，不能不戰戰兢兢。否則，可能花了大筆學費，拿不到學分，更糟糕的是，讓「遺囑」自動生效。

治華說，他行前寫了五封信分別給父、母、妻子及兩個寶貝女兒，放在抽屜裡。回來這五封信還躺在抽屜裡。眞棒！只是這五封信的內容讓我很好奇，應該是淒美壯烈吧！

治華對這趟行程充滿期待，希望對異地不同的人、事、物有更深入的接觸、更多體驗與感受、每天有一些領悟、有時間獨處反思、藉機把鬍子留長改變造型、期間家人、周遭的人平安，最終目標當然是登頂，但要能學到更多。

但一切是否都能按照規劃，依既定的時間，安全無虞的如期完成呢？難也。光是一個「守時」，不論在國內、國外，就狀況連連。時間拖延，行程耽擱，用餐休息遲延也就罷了，若遇上天候不佳、體力耗盡，在深山裡摸黑行進就更危險了。因此，有人在籌備階段就想放棄；到了非洲，有人抱怨爲何大老遠飛到這個酷熱又酷冷的地方，揹著重裝備幾天幾夜的行腳，意義何在？

但是沒有狀況，身心豈能成長；不經淬煉，靈光怎會出現？這是人生最珍貴的學習機會！

書中說：「冒險活動的經歷過程可以讓一個人的生命更寬廣，更容易『看得見』。一個人在生命中尋求冒險，從中體驗獲得滋養並不斷學習。在登山的過程中，我體會到更多關於『登頂以外』的事。」、「文明的成果讓一切都變得便利及舒適，卻會讓人逐漸失去生存的能力，而山上的體驗會讓你拾回這些本能。」、「在山下，我們大概都可以掌握日常生活的一切。在山上，大自然的力量令人不得不折服，發生高山反應的無奈、無法幫助夥伴的無力感，種種的體驗讓我學習對大山謙卑，對萬物謙卑。在山下，我們很習慣『隱藏』，縱使在人際間有任何不滿及難受，我們都還能理智的隱藏眞實情緒，而在山上，我親眼目睹人在極限的眞實情緒，是很難藏得住的。……如今才瞭解那代表一種宣洩的痛快，過程中我也感受到夥伴們彼此的扶持與關心……」。他深刻體會到登山百分之八十靠心力，百分之二十靠體力；知道如何「化整爲零」來完成不可能的任務；如何將「負面情緒」昇華爲「正面思考」；有時別衝太快，先適應再說；瞭解什麼是獨處，與山對話的重要性；體會到同理心；眞正的團隊，除了有共同的目標外，需要彼此瞭解及信任；等待是需要終身學習的事；他更有自信，但也更謙卑；知道自我的核心價值、更認清自己；生活中的一切幾乎都可跟大山學習與印證。所以，登山不只是登山而已。

他悟道了。

不只如此，到了非洲，一切盡在他眼前。經濟條件、生活水準、衛生習慣，與台灣比，樣樣差上好幾截。他讚嘆台灣的同時，也不免感嘆：「上帝爲何創造非洲，卻又忘記眷顧非洲？」台灣是我們的珍寶，我們要惜福，但我們能爲他們做些什麼？

謝謝您！治華，讓大家分享你的成長與收穫。

【推薦序】

王品集團董事長 戴勝益

當台灣上班族還在埋頭苦幹的年代，我們就已經推出「三鐵」、「百國」與「百岳」的活動。當大家在登玉山時，單車衆人騎時，王品在今年四月已經登上聖母峰基地營了！

許多人有「很想做」又無法去做的事，「有衝動」卻又無法行動的遺憾。而治華勇於改變，讓他跳脫了現實的束縛，超越了體力的極限，讓生命有了彩色與轉折，這本書正是用冒險與關懷的心去體驗人生，也讓挑戰的勇氣，在你我心中滋長！

【推薦序】

國立體育大學　謝智謀教授

這是高等教育的一堂課，也是一段改變生命的歷程，過程中學生透過行動與反思，閱讀與實踐，將自己學習從認知理解內化，而後產生行動、影響與改變，學習已經不再被侷限，因爲那山那人那世界教我們的，已遠遠超過我們思想的框框，超越了生命的經驗。

國立體育大學自從一九九九年開始，就以體驗反思爲本，進行無圍牆教室的授課模式。起初從大學部開始，從二〇〇五年後研究所ＭＢＡ課程也加入。這門課以僕人領導力爲本的ＣＥＯ課程，因此遠征與關懷是不可或缺的內涵（C代表Caring，E代表Expedition，O代表Overseas）。我們遠征美國國王峽谷、阿拉斯加獨木舟、攀登喜馬拉雅島峰（六一九八公尺）、挑戰吉力馬札羅（五八九五公尺）與肯亞山、紐西蘭南島自行車、攀登青海玉珠峰（六一七八公尺）。過程中我們幫助中輟生、弱勢青少年、八八水災受創青少年、在第三世界地區蓋了教室、蓄水池、廁所、辦夏令營、義診、並長期資助當地孩子就學。

二〇〇八那一年的服務課程，我進到廢棄屋內，從地上抱起三胞胎中的一個嬰孩，他很虛弱，因爲缺乏營養，使得他很快就睡著。得知他們可能生命活不久，隔天我再去一趟，把坦幣全給了小孩的母親，希望能救回孩子。那一天，我覺得我除了給錢，什麼都做不了，我眞是有限與無助。

治華是在二〇〇八年的計畫中擔任執行長的角色，他帶領一群同學，以身作則，並且服事他們，實踐僕人領導的精神。這一屆除了攀登吉力馬札羅山與肯亞山外，也為孩子做了許多事，幫學校蓋了廁所，帶他們以相機記錄社區。回國之後仍繼續募款，捐給家扶基金會還有非洲WAMATO小學。這樣的團隊，讓我很感動，我相信他們生命也因為這樣的付出與挑戰大大改變。

非洲回來，聽說要出書，一等就快三年！這三年的過程，治華透過生命經驗的反思與整理，使得經驗的爆發力與影響力更加強勁。這是一本用生命書寫的書，你一定要讀他！

願上帝祝福你平安喜樂。

【推薦序】

國立體育大學　吳冠璋教授

我們都是平凡人，做平凡的事，但是如何活出不平凡的人生？這幾年台灣推廣青年壯遊，鼓勵年輕人踏出自我的設限，認為年輕就是要出去闖，去體驗人生，似乎也暗示著年輕是壯遊的最佳時機！在踏入社會之後，工作、結婚、小孩、買房子等等一連串的人生課題一一接踵而至，似乎就與壯遊漸行漸遠了。

其實想過不一樣的人生就在一念之間，跨出第一步之後就能開始創造不同的價值，作者治華用行動去證明了這點。他是為了一個「很不一樣的計畫」才選擇唸碩士班，**gap year**在國外鼓勵學子走出學校的藩籬，走出去體驗人生，而「學習是沒有圍牆，冒險也沒有限制」，作者在工作之餘，利用在國立體育大學研究所進修這段期間把所學習到的一切落實在這一趟旅程中，將學習理論與實務運用在此趟旅程中並作了完美的結合。

在「坦尚尼亞弭貧暨生態關懷計畫」這門課程中，二位教授帶領研究所學生規劃一系列課程，不但攀登非洲吉力馬札羅山與肯亞山，也在當地幫貧困小學募款蓋廁所，這段期間治華用他平實的文字、獨特的見解、細膩的觀察以及令人敬佩的寫作態度，縱使在高海拔山區，仍然可以看見他詳細的紀錄每天生活的點滴。最後不僅完成了論文，更難能可貴的將這段故事出版成書，讓更多讀者可以分享。相信讀者可以跟隨作者在登山的過程中，不只是看山，同時也看見自己內心深處。『走出去才能得到更多！』面對大環境的改變我們必須不斷的學習，學習在工作中做好自己，讓自己盡全力實現夢想。在過程中充分享受心靈的躍動，有機會認識自己、坦然面對自己，盡自己一切所能知道自己心中的安適與否，讓人生更精采。樂於分享並能在工作之外影響他人。那麼這就是這趟旅程帶給治華的禮物。

「休息是能量的累積」。登山的目標不完全是爲了登頂，旅途中每一步、每一個轉彎處，都可能是改變你一生的轉折點。身爲治華的指導教授與非洲之行的指導員，不僅看到他的學習成果也看見了這趟旅程帶給治華的影響，並很榮幸能爲本書寫序，相信讀者也會跟我一樣，深深被書中的內容感動，著手開始規畫屬於自己的人生壯遊。

吉力馬札羅團隊

Chih-Mou
RONGAI & LOITOKITOK
ROUTES
KuKu
Y-zero
KEY
main route
variation
descent
Kamau
Shira 1
4700
Kaka
Mutange
Joky
Mweka Hut
3100
Mandara
Guan
Wabula
Karranga

團員的祝福

★慧香（Wabula）：每每有人問我：「有需要繞過四分之一的地球到非洲去體會領導力的實踐嗎？」想到自己的年齡與體能，未曾有過任何高山經驗，能完成這趟旅程嗎？「決心，是往目標前進的力量。」這個想法讓我在二〇〇八年八月十四日四十二歲生日當天登上肯亞第一高峰眺望。原以爲是夢想，卻完成了，原來只要願意，都可以實現。經歷這次與眾不同的冒險，我發現心中有個角落變得更自在，曾有一片壯麗的山烙印在心中，當我疲倦時，這成爲我復原的能量。非常慶幸在四十二歲的年紀還能有這樣美好的體驗。

治華是團隊的執行長，是一位負責又不失幽默與感性的人，爲新書作序時心中浮現一張張熟悉臉孔，那些共同攀登的日子及同甘共苦的情誼。這本書是記錄團隊從行前籌備、訓練到攀登過程中所出現的問題與衝突、如何溝通合作、從中找到解決方法，進而形成團隊的過程。推薦給喜歡戶外冒險的讀者，並衷心期盼從書中體會屬於自己的冒險旅程。

★妤甄(Y-zero)：什麼!治華要單飛出書!?他還有時間嗎?!身爲執行長，所有大小瑣事他都得瞻前顧後，有時還得安撫這些哥哥姊姊弟弟妹妹們不舒服的情緒，哪來時間準備？當我得知這消息時，心裡雖然有疑問，但還是掩不住興奮的心情，除了與有榮焉，還有一些些的虛榮感。治華完成個人夢想，也替團隊完成了一個夢想。集結個人筆記將寶貴的經驗出版，在這個計畫的遠征團隊史上絕對是首例了！

這是一趟旅行，也是一堂課，只是它沒有課本，大自然就是學習的環境。治華幽默的性格、積極的態度，這個計畫的順利完成，他功不可沒，他是我心目中領袖典範，我很慶幸參與這一段身心靈的旅程。「不要因爲擔心做錯決定而浪費大好時機，也不要因爲得過且過錯失改變自己的機會。」你有多久沒有做夢了！讓這本書的故事給您改變的動力，爲改變而喝采。

★**雅期**（Kuku）：一場戶外冒險課程，改變我的人生，許多新鮮事不斷刺激我的生命：第一次募款、第一次攀登到五四〇〇公尺的高山、第一次看到雪、第一次情緒失控、第一次出版筆記本、第一次環島，再加上第一次寫序…，課程帶給生命的刺激與學習沒有因爲計畫的結束而消失，它仍然在成員彼此間不斷發酵，我的學習不只來自於我的實踐與體驗，也來自我的隊友，八個不同的人，一同學習、支持與鼓勵。這次的旅程，擴展了視野，更豐富了生命，我的深刻反思：「有時目標看似遙遠，其實不然，只要你一直走。」。

我們的執行長治華，積極又有執行力，堅持又幽默，這本書相當精彩。冒險經驗所產生的強大感染力，會透過書中的文字與想像力，激發你的冒險基因。記得書中帶給你的感動，給自己的夢想一次實踐的機會！

★**奕良**（Karanga）：一門研究所的課程，連結了一個八人團隊，更連結起一萬公里外的非洲。若有人問我這趟旅程的價值是什麼？我會說這是一趟「改變」的旅程，它改變團隊中的每個人，對於冒險的定義、服務的看法及自我的認識與成長。每個人都有無限的可能，站在非洲頂端挑戰，或是面對生命的脆弱，我想只有共同實踐與體驗的夥伴，才能深刻體會。

治華在團隊中總是充滿行動力，帶領我們向目標前進。這本書的出版，不僅是留下我們團隊的歷程，它更是一本用生命影響生命的眞實記錄。希望從文字中影響更多的年輕朋友，投入志工服務工作，看見自己更多的可能性，更要有「敢夢」的力量。書中精彩詳實的紀錄，眞實的感動，加上幽默的筆觸，盼此書能給予行動的力量，推薦這本書給勇於做夢的你。

★少康（Mutange）：「治華……，我想先把國旗交給你保管，萬一我上不去，至少國旗可以跟你一起到……」「嗯……幫你暫時保管國旗沒問題……但要你自己把國旗展開……」

以上這段對話，出現在是二○○八年八月七日，即將登頂非洲第一高峰的一個小時前。當時的我因爲身體不適，體力下降，我擔心自己無法登頂，無法把背包裡的國旗帶到山頂……執行長治華的回答跟他的個性果然如出一轍，有鼓勵也帶著要求！當我們登上頂峰，微笑中帶著淚，一切盡在不言中！行動力與果斷力是治華最鮮明的特質，如同他當初告知團隊夥伴要寫這本書，我們相信他一定會做到！這也是吉力馬札羅遠征過程中，最具體的體認：「夢想如果沒有行動，永遠只是夢想！」

★瑞芬（Joky）：八個人，不同個性，不同行業，不同年紀，這是一連串的文字，背後代表的卻是一連串的故事。治華能夠將這些過程匯集成冊，並在繁忙的工作中抽出時間，以幽默的筆調、積極的態度，完成此書，令人驚嘆！

這是一趟旅行，也是一堂人生的課程。旅程中我曾經哭泣、害怕、生病和孤獨，甚至因爲身體狀況不得不放棄登頂。然後才發現，壓力來自於內心，放下後，才是另一種寬廣。人可以選擇安逸的向度，卻無法得到生命的深度和廣度。當在羨慕或嫉妒別人的成就時，自己又提供了什麼力量和準備去迎向挑戰呢？這時候，建議大家翻開此書，冒險，就此開始！

★筆強（Kaka）：八個學生加上兩位指導老師的團體，我稱它爲「十條好漢在一班」。雖然這一班有一半是女性，因彼此有共同的冒險信念，早已不分男女或年齡。十位好漢一起遠征非洲，站上非洲的第一高峰學習，也把愛傳到非洲。過程中總有障礙，卻都能彼此幫助化險爲夷，從過程中學習執行力及問題解決能力，進而內化成自我的實踐力。

這個班的執行長治華，全身充滿行動力的細胞，他嘴邊常掛著「事不宜遲」這句話來提醒大家行動力的重要。透過文字的敘述，非洲的一切歷歷在目，我彷佛重新走了一趟非洲。請大家懷抱一顆柔軟的心去挑戰自己、尋求改變，爲自己寫下一趟與眾不同的旅程。

目錄

CONTENTS

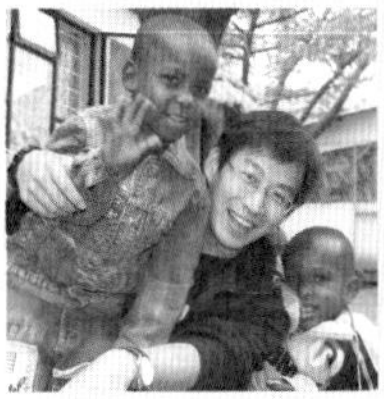

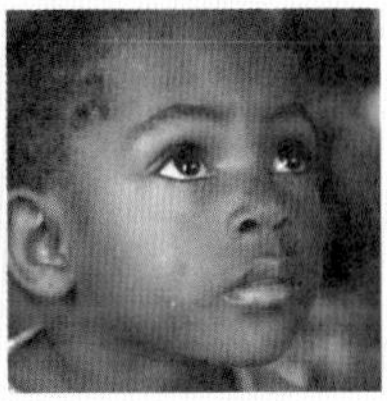

前言

這門課，與世界有個約定

二〇〇五，國王峽谷戶外冒險領導先鋒計畫
二〇〇六，阿拉斯加獨木舟遠拓冒險學習計畫
二〇〇七，喜馬拉雅山戶外冒險領導與服務學習計畫
二〇〇八，坦尚尼亞弭貧暨生態關懷計畫
二〇〇九，弱勢關懷暨紐西蘭單車圓夢計畫
二〇一〇，六一七八玉珠峰CEO領袖培訓計畫
二〇一一，波卡拉人文生態關懷計畫

二〇〇八年，國立體育大學的一群研究生，
跨越印度洋，飄洋過海繞了半個地球，
試圖揭開吉力馬札羅火山與肯亞山的神秘面紗，從聖山中找尋自己。
台灣學生的愛心也在黑色大陸展開序幕。

一門與世界有約的高等教育課程
一趟結合冒險與關懷的旅行
一段超越身心靈的攀登
人生就該經歷一次「大旅行」
暫時放下人生中所扮演的角色
勇敢的出走，等待你的將是一次足以撼動生命的體驗

故事就這樣開始——

第一章 CHAPTER 1

改變的因子，蠢蠢欲動

二〇〇七年，當時我服務公職已經十四年。我有個善於持家的老婆及一對可愛的寶貝女兒，家庭一直是我人生的重心；工作方面，我一向表現積極，努力維持良好的體態及專業，也順利獲得理想的工作機會與磨練。有很長一段時間，我悠遊於家庭及工作之中而怡然自得。但公務員生活穩定的另一個代名詞就是單調乏味，雖然我對工作的待遇及環境尚稱滿意，面對一成不變、週而復始的生活，我逐漸感到無趣與怠惰，目光也只著眼於下一步該解決的問題，生活中似乎找不到任何新鮮事，我時常感覺遭遇瓶頸。

我渴望尋求一個新的挑戰，或者只是個不一樣的作法都行。

左思右想之下，不如從「重返校園」開始吧！我決定先去讀個研究所。當時我完全不想選擇與工作相關的科系，想嘗試不同的學術領域，而社會科學領域的選擇非常多，於是心中出現許多想法：

「去考個公共管理系吧！但免不了要接觸一堆實務上用不到的管理理論，這跟凡事講求實際的我個性出入太大，極可能念到一半就休學了。」

「或者是讀個財經研究所吧？我對投資有興趣，也涉獵很多坊間的財經書籍…但一想到會面對厚厚的經濟學理論，就讓我望而怯步。」

「那不如來念個外文所吧？對語文我也算有濃厚興趣，大學時還曾經修過日文當作第二外語，但語言只是溝通的工具，把它當成一門學問來研究會不會太沈重…。」

面對心中不同聲音的交雜，我始終猶豫未決而繼續尋尋覓覓。偶然間與同事的一場閒聊中，知道國立體育大學的休閒產業經營學系，系上設有體驗與冒險教育的課程，立刻引起我的好奇。記得當時我曾上網大略瀏覽學校的網頁，並沒做太多深入的瞭解。只是冥冥之中似乎有種直覺，這應該就是我想要的科系，隨即整理資料準備考試，並幸運獲得錄取。

剛開始知道系上有這樣一個海外冒險教育計畫，是在考上研究所後的一場新生座談會中，第一次踏入產經系所，我看到辦公室的佈告欄貼著幾張鮮明的海報：**「阿拉斯加獨木舟冒險計畫」**、**「喜馬拉雅山戶外冒險領導與服務學習計畫」**。斗大的標題配上與山海搏鬥的畫面，立刻吸引我的目光。當時謝智謀老師（小謀老師）及吳冠璋老師（冠璋老師），才剛帶領學生執行二〇〇七年喜馬拉雅山戶外冒險領導與服務學習的計畫結束，從尼泊爾風塵僕僕的回到台灣。兩人臉上的鬍渣透露此行的艱辛，卻仍然神采奕奕。跟傳統教授相比，他們的冒險家形象，讓人耳目一新。

在新生說明會上小謀老師和我們分享攀登喜馬拉雅山—島峰的攀登體驗及幫助當地學校興建教室的經過。他同時宣布二〇〇八年的計畫是去攀登非洲第一高峰，亦是世界七頂峰之一的吉力馬札羅火山。

我一向熱愛挑戰，只要聽說某件事很有挑戰性，我就會有所反應。這是個千載難逢的機會，我的心中燃起熊熊烈火，問題是：「我眞的可以去嗎？」

國立體育大學的體驗與冒險教育計畫

體驗與冒險教育是一門特殊的課程，在國外已行之有年，它是以大自然做教室，在戶外實施課程，經由身體力行、實證與反思，藉以產生有意義的學習經驗。課程目的是爲了培養參與者的冒險力、領導力、溝通能力、抗壓力、團隊合作、國際觀及環境意識等各項能力。如美國哈佛大學及華頓商學院均設有戶外冒險教育課程。像是華頓商學院從一九九八年起即開始推出華頓冒險領導計畫(Wharton Leadership Ventures)，帶領來自不同企業的在職進修學生去挑戰喜馬拉雅山、南美的帕塔哥尼亞、非洲的吉力馬札羅火山，甚至到南極！面對高度冒險情境，以冒險教育培養領袖人才。

眾所皆知，海外教育計畫存在一定風險，傳統思維中，很難得有學校願意承擔責任去支持這樣的計畫。從二〇〇五年至今，國立體育大學曾經遠赴美國國王峽谷、阿拉斯加、喜馬拉雅山、非洲肯亞、坦尚尼亞、紐西蘭、中國青海、尼泊爾等地。這些通常只有在國家地理頻道才看得到的地理名詞，卻彷彿近在咫尺，令人嚮往！也讓人由衷佩服計畫主持人的熱情與執行力。

俗語說：「知識可以傳承，智慧卻沒辦法教」，這些都是「課本沒有的知識」，必須經由體驗才能生成的智慧，也是職場上很重要的應用。台灣教育界對此領域一向付之闕如，因此將海外體驗教育課程納入高等教育課程一直是小謀老師的理想。在他的帶領下計畫已經堂堂邁入第七年，這本書敘述的即是「二〇〇八坦尚尼亞弭貧暨生態關懷計畫」的故事。

第二章 CHAPTER 2

雄心壯志 只是起點

從小我就是一個好動的小孩，我熱愛各式各樣的運動，舉凡球類運動、跆拳道、柔道、跑步、游泳等，只要是能夠汗流浹背的運動一概照單全收。我因此參加很多運動競賽，並從中獲得成就感，如此的良性循環也讓我更認眞去學習。不過說到登山，我就是一個十足的「遜腳」！在決定參加攀登非洲第一高峰的計畫之前，我跟山一點都不熟！合歡山、玉山、雪山等台灣較知名的山，有聽過沒爬過！我甚至一度認爲極富盛名的阿里山，應該是一座「難度頗高」的山，很可笑吧？還記得有次我們在陽明山進行訓練，當時我們規定每個人必須揹大型背包裝二十五公升的水來進行負重訓練，在陽明山上顯得突兀許多，有旅客覺得好奇？就有了下面這段對話：

「你們在做什麼訓練嗎？」

「是啊！我們要去爬非洲第一高峰吉力馬札羅。」有位夥伴很自豪地回答。

「哇！了不起，那你們一定有爬過百岳囉？」

「百岳喔！那一座還沒爬過！」夥伴繼續回答。

「這…………………。」

我雖然還知道什麼是百岳，卻也連一座都沒爬過！那時我根本沒有任何攀登大山的經驗。因爲以前總認爲「登山」跟我所接觸的運動相比，運動效果並不顯著；二則總覺得無論男女老少，只要有心，都可以克服一般的山岳，只是時間長短而已。對自恃體能不俗的我而言，不算有挑戰性，自然而然我的生命和山沒有太多接觸。

關於要去非洲，雖然我熱愛旅遊，卻對黑色大陸興趣缺缺。如果每個人心中都有一張旅遊清單，能夠列出人生在世必遊景點的話，那非洲肯定在我夢想國度中排名倒數。

因此，一開始有動機要去非洲爬山，純粹是因爲它的特殊性吸引我。光是非洲第一高峰，世界七頂峰這樣的名號，就讓人肅然起敬！而且據說一般海外遠征隊伍組成並不容易，通常是各地愛好登山人士所湊成，彼此間可能並不認識，甚至還有到當地才組成的「聯合國隊伍」。所以，能夠有機會跟一群熟識的同學去非洲攀登第一高峰，是一生中難能可貴的經驗，況且還可以拿到十二個學分！

一切看起來似乎再理想不過了，這時我的心理卻出現這樣的對話。

「你有辦法放下一切，請那樣長的假去參加計畫嗎？你如何說服兩老？（老闆和老婆）」

「除了非洲行，你還必須花好幾倍的時間參加行前訓練及籌備，這又不是必修課？安分的修完正常學分不是很好？」

「算了吧！你還有工作及家庭，除了學費外還要準備一大筆錢去非洲，你要如何克服這些困難，妥善安排一切去參加？」

「要把原來的生活擺在一旁，去經歷另一種生活，這需要冒多大的風險呢？」

後來我決定聽聽其他人的意見。

我和好友銜禎聊到我要去非洲的計畫，他聚精會神聆聽，最後鼓勵我去當個「有故事的人」。

我告訴其他朋友，有人含頤點頭未做評論，但我從眼神中可以看出，他們似乎無法體會我做這件事的心情。

我腦海中已經浮現，當老闆及老婆知道我要去非洲爬第一高峰，那一幅瞠目結舌的畫面！

如果我改變主意，在「精神上」與吉力馬札羅團隊同在，一切問題不都迎刃而解了嗎？我可以待在台灣，等別人來分享「吉力馬札羅的故事」。

以上種種想法皆輪番來動搖我的決心！

可是一想到登上非洲第一高峰的畫面，很難不讓人爲此著迷。我的心就好像弓箭掛在弦上，已經迫不及待往黑色大陸飛去，我不甘心那只是別人的故事。

後來，幾次與同學跟老師的閒聊中被問到是否參加？我的答案始終模稜兩可。我的行事風格一向果決，照理說應該會爽快答應才是！此刻我卻猶豫了，顯然這些非洲之行的「參加阻礙」一直困擾我，讓我躊躇不前。

後來在課堂中，小謀老師說了一句話：「二十年後可能忘記你在研究所曾讀過什麼，但這次的計畫你將永難忘懷！」這句話喚醒了我，也讓我徹底瞭解我必須先做「參加」的決定，再來克服萬難。如果一開始就決定不去，那就眞的會找理由說服自己不要去。

我終於決定跨出第一步，即將進行一次前所未有的冒險，邁向一個與眾不同的世界。

在二〇〇七年十二月十七日，系上舉行非洲之行說明會，那次說明會由冠璋老師及東華大學講師班哲明主持。他們倆曾經在暑假前往非洲實地探勘，攀登吉力馬札羅火山及肯亞山，他們稱得上是此次非洲計畫的先遣部隊。由於兩位老師完全是利用私人時間自費前往，精神令人佩服！此次說明會主要是介紹班哲明跟冠璋老師兩人前去非洲探勘的經過及圖片。透過投影片，雖然我們人還沒到那裡，心中卻彷彿經歷那兩座山的歷險，處處充滿驚奇與想像！

最後，班哲明還整理了「要去非洲的十個理由」，挺有意思的，我節錄如下：

The 10 reasons you should go to Africa：

1. It's your chance to get away from your boyfriend or girlfriend.
2. Because it's there.
3. It's the chance of a life time.
4. It's too cool.
5. Don't talk about it, like Nike says「Just do it.」
6. You'll never do it on your own.
7. It will be your only chance to make a snowman.
8. Why go to the zoo when you can be in the zoo.
9. Kilimanjaro—it's one of the 7 summits.
10. Your parents are paying for it.

圖為冠璋老師（左）與班哲明老師（右）二〇〇七年暑假攀登肯亞山之畫面。

這十個理由簡單而詼諧，卻個個直達參與者的心靈。說明會結束後大家興致勃勃聚在一起討論如何進行，互相交換電話及電子信箱，並相約在寒假前舉行第一次的線上會議，希望能先有進度，再順利銜接開學後的計畫執行。這一切似乎都很樂觀。但沒想到這一切在過完農曆年寒假結束後，一切都變了。

在寒假期間，慧香自告奮勇擔任總聯絡人，負責籌備第一次的線上開會。第一次的線上開會，居然只有三個人上線參與討論！分別是冠璋老師、雅期和我，結果令人洩氣。眼見人數實在少得可憐，討論結果也不具太大意義，在不得已的情況下，我們只能決定開學後再開始進行，這樣的決定卻讓人感到不安。

開學後的第一次上課，小謀老師維持一貫的作風，一早就在教室裡等候。果然，只有六個人選修這門課程，這個結果雖可預期，卻還是令人沮喪。我們這屆一開始就破紀錄，創下這個計畫有史以來的「最少參與人數」的紀錄，令人哭笑不得。顯然對計畫有興趣的人雖多，但考慮到經費、時間及成本效益等現實問題就退縮了。

小謀老師在課堂上說：「現在的學生普遍有一個問題，目標很大，但抗壓力不足，遇到困難會說服自己放棄。或許大家普遍認爲經費是一個非洲之行的最大阻礙，我卻認爲經費最不是問題……。」

小謀老師接著說：「就算是六個人也要去！」雅期也冒出一句話：「對啊！人少意見也少，決定事情會比較容易啊！」這樣的思考邏輯突然點醒了我！原本我一度以爲這個計畫可能因人數不足破局，即將在我們這一屆劃下休止符，卻因爲一句玩笑話而有了轉機，不同的思考產生不同的結果，老師的話當下也更堅定我們的信心。由於學校規定在第二周才算選課確定，同學有一周的選課猶豫期，我們六個人決議再分頭去鼓勵其他同學參加，也期待下周能有讓人驚喜的結果。

第二週選課確定全員到齊，值得慶幸的是，我們多了兩位一般生的團員，賴好甄（好甄）及張瑞芬（瑞芬），對團隊來說是一大激勵！加上周慧香（慧香）、張雅期（雅期）、陳筆強（筆強）、彭少康（少康）、劉奕良（奕良）和我等六位在職生，最終確定共有八位同學參加本計畫。

這個計畫實在是太酷、太吸引人了！每年總有一堆學生想要成爲計畫的一份子，後來實際成行的人卻少之又少。有的說是湊不出錢、有的說是時間無法配合、也有人自覺體力無法負荷等等。其實這大多只是藉口，眞正的原因是你根本沒下決心要參加計畫！記得有一句話：「想做，你會有一百個理由；不想做，你會有一百個藉口。」未來可預見的挑戰實在太多，種種的行前訓練及準備加上一筆可觀費用，所花的時間及心力將遠遠超過一般的學分數倍而有餘，所以雄心壯志只是我們的起點，如果沒有堅持與決心早就被藉口打敗了。

前往非洲的「挑戰」不言可喻，卻不僅僅是在非洲第一高峰，而是從「頭」就已經開始。我們八個人，挑戰前往吉力馬札羅火山的第一個敵人—自己。而且這個敵人還眞不好對付，隨時隨地又會冷不防出現，來動搖你的決心！

「我想要的是躍動，而非安逸的生命歷程。我感覺有著無比豐沛的精力，但在安靜的生活中，卻找不到宣洩管道。」——托爾斯泰《家庭幸福》

第三章 CHAPTER 3

毛遂自薦的CEO

計畫邁入第三個禮拜，大家已逐漸進入狀況。這次我們必須處理一件懸而未決的事，就是遴選出團隊的執行長（CEO）。這是一個重要的位置，他統籌計畫的所有事務，必須有能力整合團隊意見、掌握計畫進度等大小事。

大家原以爲這個位置理所當然應該由年長有經驗的同學來擔任會較爲適合，沒想到幾位資深的同學都接二連三推辭了，顯然大家對這個吃力不討好的無給職角色都敬而遠之。在僵持不下之際，甚至有人一度建議CEO乾脆用「抽籤」決定好了！我當下表示意見：「如果這個位置沒人要做的話，那我來試試好了！」同時我又接著說：「但如果任何人在任何時候覺得我做得不夠好或覺得可以讓計畫更好的話，我隨時願意讓賢…。」

只見大家毫不猶豫立即鼓掌表示通過，果眞是「別人的囝仔死未了！」令人好氣又好笑。當時我願意把執行長攬下來的原因，是我實在不贊成這樣重要的位置用抽籤的方式產生，萬一這個「籤王」完全不適合，那這個位置就形同虛設，發揮不了任何作用，只是徒增團隊的困擾而已。我腦海中可以想像那種群龍無首、各自爲政的畫面，對計畫所造成的負面影響。雖然我也不知道自己能做到什麼地步？我心裡想著：「不管三七二十一，衝了！」不論它要承擔的責任有多重，就它當成是一種學習。所以在毛遂自薦的當下，我其實很平靜。

對計畫而言，此時我心中雖有很多想法，但沒把握是否實際可行。有些事情知道要做卻不知從何處著手？如何募款尋求贊助？訓練計畫如何進行？服務學習如何著手？也不清楚know-how是什麼？天馬行空的想法雖然很多，但衍生的問題卻也更多！太多的想法反而讓我一時千頭萬緒！因此我決定先去拜訪第一屆「二〇〇五年美國國王峽谷戶外冒險領導先鋒計畫」的CEO，也是登山界赫赫有名的人物黃一元先生。

在二〇〇八年二月底，我和黃一元先生約見面（登山界的老前輩，目前擔任中華民國健行登山會的副理事長）據說這十年當中他出國攀登了十座六千公尺以上高山，海外攀登經驗豐富！由於我們這次的冒險教育計畫和第一屆的計畫在內容上有諸多雷同，前輩的歷程經驗對我們而言極具參考價值。他是我第一位請益的對象，同時熱心的他也很爽快答應這次的邀約。我們邊吃邊聊，首先他劈頭問我：

「進度已經到哪裡了？」

「嗯…剛開始而已，還沒有任何具體的計畫…」我難爲情地回答。

「嗯，那有點晚了…」他接著說。

「是啊，我們也這樣覺得，所以很急…。」

之後他把準備的資料逐項向我解說，首先從訓練計畫開始，計有跑步訓練、階梯訓練、台灣百岳的攀登練習、高山症、急救術、體適能、運動防治、裝備使用、藥物使用、LNT原則等課程、如何尋求政府及企業贊助、自我行銷及宣傳。他給了我許多寶貴意見，建議從訓練就要開始行銷及宣傳。例如：參加各項訓練及活動都穿著統一服裝以增加曝光率、活動期間製作宣傳海報、邀請其他學生參加路跑壯大聲勢，抑或邀請其他同學參加各項訓練…。一方面可以宣傳，二方面亦可能藉此爭取小額的個人贊助；還有吉力馬札羅相關議題的探討等等。例如：氣候變遷及全球暖化議題（終年積雪的吉力馬札羅山頂已逐漸消失）、肯亞政治內亂問題、一九五二年的電影「雪山盟」（由海明威之小說《The snow of Kilimanjaro》所改編），都是我們可以參考運用宣傳的主題。

此外，還談到吉力馬札羅火山相關的歷史、地理、文化意義等等。他對吉力馬札羅火山的認識與準備，彷彿是他要去非洲，詳細的程度令我汗顏！還有贊助計畫書的擬定和爭取贊助也是一項浩大工程。最後是「服務學習」的部份，這是我們計畫的另一項重點，雖然在第一屆計畫中純粹只有冒險教育課程而無服務學習課程，但他同樣也提供了許多經驗及想法供我參考。最後我們還聊到計畫結束後的論文發表、研討會發表及赴各單位的分享發表等等，據說他們現在還準備出書。令原本就滿腔熱血的我，聽著聽著也逐漸「沸騰」起來。

黃一元先生思緒清晰、充滿活力，還有滿腦子的創意，完全不輸給年輕人，令人佩服！原本第一次見面只是想跟他認識聊聊天，卻欲罷不能談了三個多小時！也由於這次的請益，我心中對整個計畫執行已有初步的輪廓，也讓我意識到起步是有點晚了，而需要執行的工作卻是如此繁雜，我們必須加把勁急起直追才是。

《商業周刊》第一○五六期的封面報導「大旅行」，介紹一些人物的大旅行經驗，其中一篇就是介紹國立體育大學二○○七年喜馬拉雅山先鋒計畫的一位學長鐘承坤。他四十九歲，堅持攀登六一八九公尺的島峰，挑戰自我極限。他回想最原始的動機，竟然只是電影「練習曲」當中的一句話：「有些事情現在不做，就永遠不會做了。」他曾是團體當中最不看好的成員，憑著一股毅力和堅持登頂了！不凡的動機卻成爲他最大的動力。我回想自己不也是這樣嗎？讀研究所及參加攀登非洲第一高峰的計畫，原始動機只是「改變」。二十年後若我回顧研究所生活，或許會忘記曾修過什麼課，學過些什麼，但這次的計畫將令人永生難忘。

我暸解此刻我正在進行的，是跟我以前的生活及工作毫無聯結的一件事，這段期間的忙碌可想而知。我也曾經思考：「這樣的體驗過程對我真的有幫助嗎？」但答案似乎必須自己「體驗」。

「人生最有意義及價値的，往往是來自於自己份外的事。」

第四章 CHAPTER 4

「無中生有」的體驗

整個計畫的執行，指導教授僅指示「兩大方向」：第一是攀登非洲第一高峰—吉力馬札羅火山，第二是計畫中要包含「服務學習」課程。學生是此計畫的「完全執行者」，包括定期開會、訓練計畫的制定與執行、贊助計畫及募款尋求、媒體宣傳、服務學習計畫的制定與執行、計畫中之各項影音紀錄以及讀書會等等，這些加總起來便成了一件浩大工程。

過程中，學生遇到問題與困難時，教授通常僅作選擇性回答，起初團隊每週開會一次，由學生輪流主持會議及記錄，兩位指導教授坐在後面旁聽。剛開學的前兩個禮拜，同學分頭就行程安排、時間及服務學習內容進行討論，記得有一次討論到「決定要攀登哪座山」的問題。有鑒於吉力馬札羅火山是非洲的第一高峰也是世界七頂峰之一，舉世聞名。肯亞山的高度及知名度雖然不及吉力馬札羅火山，據曾經前往探勘的冠璋老師描述，其原始風情絲毫不遜於吉力馬札羅火山，挑戰性也不遑多讓！但是，在職生因工作關係無法請那麼多天假，必須有所取捨，當時大夥就「徘徊猶豫」在這兩座山當中走不出來，我記得當時的對話內容：

「我們到底要爬哪座山？我們討論兩個禮拜了，我想今天就必須定案。」我說。

「還是第一高峰吉力馬札羅火山好了，聽起來比較酷耶！而且那是我們原本的計畫。」好甄說。

「有必要一定要爬第一高峰嗎？老師說過肯亞山也很不賴，景色不是更優！」筆強說。

看來若無法達成「共識」，將很難「共事」！非得投票表決不可了。

突然間，有一個出人意料的「臨時動議」出現！

「既然大老遠去到非洲，我們爲什麼不兩座山都爬？」奕良說。

此話一出，大家面面相覷，在職生幾乎全部反對！

「天啊！我絕對不行，我的公司不可能讓我請那麼多天的假！」慧香說。

「我也不行，爬兩座山要再多一個禮拜，請兩個禮拜的假就是我的最大極限，公司也不可能讓我請那麼多天假……那我只能選一座山，然後我先回台灣…」我說。

「開玩笑！兩座山都爬？我看等我回來連公司都被搬走了…」少康說。

最後的決議，大家還是決定兩座山都爬，行程是出乎意外的二十二天。

後來，

慧香決定辭掉從事十七年的社會工作。

雅期也「名正言順」辭掉目前不甚滿意的工作。

少康的老婆預產期恰好是在非洲行期間，一個女人最需要丈夫陪伴的時候，少康卻必須拋開老婆到非洲，獨自留她在台灣坐月子。

筆強總是欲言又止，看得出來心裡有事，卻始終不說，直到計畫結束還是個謎。

而我硬著頭皮和我的親友團和二老溝通（包括老闆及老婆），希望取得他們的支持。他們雖然一時無法體會我去非洲的眞正動機，最後卻選擇接受這件事。

爲了計畫，每個人都做了取捨。

在經過兩個禮拜的開會討論後，我們的計畫終於定調。

本計畫爲十二學分之高等教育課程，係以專案學習（Project Learning）的方式進行，爲期一學年，過程如下：

一、行前之籌備期與訓練期。

二、攀登非洲第一高峰吉力馬札羅山及第二高峰肯亞山。

三、服務學習課程─協助坦尚尼亞WAMATO學校興建六間廁所並與當地學童進行體驗學習活動。

四、回國後赴各地經驗分享及參加研討會。

以上爲整個計畫的四個階段，後來我們也訂定屬於我們的訓練計畫。訓練部分包括體能、登山技能、裝備使用等各項訓練皆由學生規劃與執行；有些登山的專業知識，則邀請專家來授課。此外小謀老師也指定書籍讓我們選讀，分別是《大山之歌》、《三杯茶》、《僕人─修道院的啓示錄》、《以愛領導的實踐家：德蕾莎修女》及《雙贏領導一〇一》等五本專書，並定期舉辦讀書會彼此分享心得。初步規劃後，接下來的挑戰就是一連串的執行了。

努力一定是成功的保證嗎？

俗語說：「錢不是萬能，沒有錢卻萬萬不能！」原先以爲這項計畫既然是學校所主持，學校理所當然會提供一定的資源及經費。後來我才瞭解計畫中的絕大部分資源都必須由參加學生來籌措，由學生「無中生有」，眞是名符其實的「體驗教育」。所以這個計畫居然可以持續那麼多年而未中斷，也是一件令人嘖嘖稱奇的事！既然在如此「先天條件不良」的情況下，就必須靠同學們的「後天努力」才能竟全功。首先我們面臨的第一個挑戰就是「經費問題」。當初有興趣的人雖多，不少人在最後關頭都因爲這個問題而臨陣退縮了。要一般學生自籌旅費並不簡單，這是當時對計畫有興趣同學最大的參加阻礙。當時初估，如果沒有任何經費的奧援，去非洲的旅費每個人大約十五萬元，此外還必須籌募捐助給非洲學校的慈善經費。單就十五萬的旅費而言，對我們來說就是一筆大數目，更遑論要籌募慈善捐款了，爲此大家都很苦惱。

不過仔細想想，經費問題由來已久，算是計畫特有的「傳承」，也是每個計畫參與者都必須面臨的問題，既然前輩都可以克服，我們也沒理由說困難。依以往經驗來看，我們可以爭取贊助的方式大概有三個管道，一是政府機關，例如：青輔會、外交部、教育部、體委會，只要跟教育、體育或年青人扯得上關係的政府機關，都是我們可以嘗試的目標。其次是公民營公司的基金會及公關部門，也值得一試。加上我們預定公開舉辦各項募款活動，預期也可以獲得一些小額捐款，看起來管道似乎蠻多元的，令大家信心滿滿。

記得我們的第一個目標是青輔會，他們恰好有一個海外青年志工的補助計畫，名爲「台灣青年參與國際行動計畫」，補助金額爲三十至五十萬。依青輔會規定必須在三月廿一日前送出計畫書。由於迫在眉睫，我們經過兩個禮拜的討論，快速將贊助計畫定稿產出，在團隊集思廣益下，計畫名稱訂爲「**實踐聯合國千禧年目標－二〇〇八坦尚尼亞弭貧暨生態關懷計畫**」，以實踐聯合國千禧年目標之一的「消弭極端貧窮和饑餓人數減半」爲架構，計畫名稱強調服務及環保的部分，我們恰好趕在期限內送青輔會審查。

初審採形式審查，我們順利經過初審，擠進複審階段。在所有參加複審隊伍裡，名次排在第五，看來機會相當濃厚。在複審中規定必須以電腦簡報，詳細說明計畫內容並回答評審的提問。複賽時我們派出經驗豐富的奕良代表團隊出馬。奕良本身就是高山嚮導及解說員，發表經驗豐富，臨場反應也佳，面對評審的問題，均能不急不徐地回答，果然沒有辜負衆人期望，讓大家覺得一切都很樂觀。如果順利入選至少有三十萬元的補助，不啻爲團隊注入一劑強心針。

在還沒公布青輔會的決選結果之前，團隊成員同時也進行其他的贊助遊說。在三月底的一次開會中，我率先公佈好消息，某公司答應贊助二十五萬元來支持我們的活動，這個消息讓夥伴們振奮不已！這也是我們第一筆爲數可觀的贊助經費，讓我們吃了一顆定心丸。

只是後來青輔會決選結果揭曉，我們意外沒能入選。原因是服務學習的部分雖然獲得評審認同，但卻只是計畫的一部分。另外，關於攀登非洲吉力馬札羅火山及肯亞山，這部分與主題不符而未能入選。本來攀登非洲第一高峰是我們認爲計畫中最具特色的部分，應該會有加分效果，卻因此落選，結果眞是令人失望。

後來我們決議採用「多管其下」的方式，由夥伴分別用電子郵件及電話給各公家單位及民營公司來爭取贊助。我們分頭進行，但連續試了好幾十個公家單位及民營單位的公關部門洽談我們的贊助計畫，結果不是被婉拒，就是電話被轉來轉去不得其門而入，辛苦整個月居然連一家贊助都沒有！一時之間團隊士氣跌到谷底！顯然這樣的方法效果不彰，成功機率太低，我們必須設法尋求其他方式，來解決這樣的困境才行。

在募集贊助及義賣的過程中，我學到很多東西。如何讓計畫吸引人？如何跟贊助廠商交涉及應對？如何找到鑰匙人（keyman）？如何讓廠商獲得最大的贊助效益都是關鍵。記得剛開始向某航空公司爭取贊助時，我試著打到公關室，先敘述我的計畫，公關人員還沒聽完就打斷我的話：「不好意思，因為你們選擇搭乘的不是我們家的航機，所以我們可能愛莫能助。」這樣標準的官方回答，完全在我意料之中。

還記得侏儸紀公園的一段話：「Life finds a way.」（生命會自己找到出路），為了讓本次的計畫成行，我們自己也得找到出路。

第二次，我拜託一個友人幫忙，果然馬上得到公司善意的回覆：「先生，我們會特別關心這個計畫，只是我們今年的公關預算都已用罄，加上公司今年沒什麼賺錢，可能幫不上你們的忙，非常抱歉……。」雖然跟第一次的態度相差許多，但還是官方回答，說穿了還是不贊助，有也不見得給你！

第三次，我輾轉釐清一切後，才知道跟我接觸的人手中並沒有「鑰匙」，並不是我要找的「鑰匙人」。豁然開朗後，我又再請友人去溝通，後來航空公司換個人打電話給我，同意贊助我們的計畫。很顯然他們是賣友人的面子，所以我就委婉地請他們多贊助一些！

此外，跟某家登山用品公司的接觸，也值得一提。剛開始透過老師的介紹，我們找上公司的產品經理，經理人非常客氣，我先將贊助計畫書傳給他們，經理要我們給他們能多一些時間做評估。但最後評估結果是不符合他們的公司效益！他們以年度預算沒有編列為理由，婉拒了我。當時我很失望，這一次居然已經透過鑰匙人都沒用，但我還是沒有放棄，持續和經理溝通。後來大概了解到公司的底限爲何，我退而求其次，再次強調我們的計畫可以提供的贊助效益。在我的磨功之下，後來他勉強承諾要再跟老闆商量。商量結果出爐，他勉強答應給我七五折的產品優惠，這個結果還是讓人不太滿意。

再次溝通，我調整策略，原本在計畫書上我們訂定贊助效益標準，依據廠商的贊助金額來提供不同等級的贊助回饋。由於這筆贊助對我們來說相當關鍵，我打破行情，只要公司肯贊助，就讓他們自由選擇贊助回饋方式，卻還是無法說動經理。後來我使出纏功，接連又打了好幾通電話給經理，其實我已經無計可施，只是重複說明可以給他的贊助效益，溝通到最後連我也不知道自己在說什麼……。

我幾近以拜託的方式，還扯到「由於四川震災的排擠效應，我們的募款狀況並不是很好……。」我之所以不放棄是因爲我始終認爲他是我們的鑰匙人。不知是不是當天經理心情特別好？我的纏功奏效了，結果他同意將公司產品以五五折的優惠提供我們選購裝備，並贊助我們每人一件原價近兩萬元的防水透氣外套。我們簽了約，也代表團隊承諾提供活動的錄影光碟及將公司的LOGO旗幟帶上非洲第一高峰，這次經驗成爲我們在爭取贊助上的一次大成功。也讓我了解，不管是「經理」還是「烈女」，都還是怕「纏男」。

贊助這檔事，我們必須認清事實，不管計畫如何的具有「正當性」，人家是施者，你是受者，人家可以委婉地找一百個理由說不贊助就是不贊助。我們就好比「銷售員」，策略與技巧固然重要，由機率的觀點來看，由嘗試中汲取經驗，不斷調整及磨練技巧，失敗累積越多往往代表離成功越近，即將水到渠成。所以努力是必然的，但有時努力並不保證一定會有好的結果。在這過程中我學到如何說服自己、鼓勵自己，催眠自己是「大面神」，我不斷在各種場合推銷我們的計畫，盡力爭取每個人的支持與贊助。經由經驗的累積，我越講越順，越來越抓得住重點，最後我甚至可以從表情就可約略判斷一個人是否對計畫感興趣，來決定我該不該繼續努力或是白費力氣？說穿了這一切都是「體驗教育」（Learning by doing）。

後來又透過許多管道，我們上廣播節目、接受電子媒體訪問，可能是收視（聽）率的因素，雖沒發揮太多實質的贊助作用，卻陸續聽到友人在媒體上看到我們的計畫。換一個角度思考，至少我們透過這些管道逐步把這個教育計畫呈現。後來慧香、雅期、妤甄也透過管道努力爭取其他經費，我們逐漸有種倒吃甘蔗的感覺。

在尋求贊助的過程中，我體會到「努力是必然的，卻不一定是成功的保證。」人有時非得靠點運氣才行……。

Caring, Expedition, Overseas

同一時間，在慧香的牽線下，我們透過CCFC（加拿大基督教兒童福利基金會，長期在坦尚尼亞當地援助貧民），輾轉與非洲坦尚尼亞的WAMATO學校取得聯繫，得知該校的衛生設備嚴重不足，在開會討論之後，我們決定幫助他們興建六間廁

我們的義賣T恤LOGO，貼切傳達我們的教學理念。

所。初步預估所需經費約五千美元，團隊決定以義賣T恤的方式來籌措這筆經費。雅期的一位設計師友人華茗知道我們的計畫，對於我們要去非洲幫助小朋友的事情很感動，主動願意無償幫我們設計T恤。大家在開會討論後，一致認爲除了幫助非洲貧童的正面意義外，要讓捐款者能夠真正喜歡T恤並穿上它，加強宣傳效果，更可達事半功倍之效。我們跟華茗溝通這樣的想法及理念，由他來幫我們構思設計。對於T恤的製作，從圖案設計、材質、顏色、製作直至完成，我們經過五次的開會才敲定，顯示我們對T恤品質的要求與慎重。

T恤出爐，「紅色愛心」裡大大的K字意謂我們即將攀登的兩座山Mt. Kilimanjaro和Mt. Kenya，K字上面的八個點則代表我們八個參與的同學，正挑戰向上攀登；CEO三個首寫字母意喻這門課程很重要的一部分—領導力學習，不過我們卻用另外三個同樣是C—E—O開頭的單字來取代，分別是Caring, Expedition, Overseas，來傳達本課程更深層的意涵。大家都對這樣的雙關語巧思感到滿意，認爲如此寓意貼切表達出團隊的理念。

不過在T恤製作完成之後，挑戰才正式開始。對團隊成員而言，大家都沒有任何募款經驗，面對廠商送來堆積如山的五百件T恤，雖然各式尺碼一應俱全，但要全部賣完，光想就覺得很難，更遑論去執行了。果然幾個禮拜下來，所有人加總起來只賣出零星的二十幾件而已，成績十分不理想，大家顯然都遇見瓶頸。冠璋老師試圖給我們打氣，舉一個美國學生義賣T恤募款幫助弱勢，最後成功得到世界各國迴響的經典例子，但大家都還是覺得「美國」離我們好遙遠，士氣一直很低迷。我覺得這樣下去不是辦法，團隊在這件事上總是要有突破，於是我決定率先出擊，想先做出一些成績來鼓舞士氣。我思考後寫了一封信，內容如下：

大家好：

小弟目前就讀國立體育大學休閒產業經營研究所，今年我們學校有一個海外冒險教育計畫。

我們將於七月三十一日遠赴東非坦尚尼亞擔任國際志工，並與加拿大的CCFC合作（加拿大基督教兒童福利基金會，也就是家扶基金會的國際組織，長期駐坦尚尼亞協助當地貧民）。當地的衛生條件極差，亟需慈善援助，我們預計在國內募款約十六萬元，替當地WAMATO小學興建六間廁所，協助解決其衛生問題。

此外，我們也將挑戰攀登非洲第一高峰—吉力馬札羅火山（五八九五公尺）及第二高峰—肯亞山（五一九九公尺），對我來說這是一個相當酷的冒險教育計畫！事實上我們在這個計畫上已努力近一整個學期，包括尋求募款及贊助、訓練計畫與執行、媒體宣傳、服務學習計畫與執行、活動中之各項影音紀錄等等，都是由學生合作執行，老師僅「默默支持」，但更多時候是讓學生自己找答案，這就是「體驗教育」。

大家一定很好奇，什麼是「體驗教育」？簡單地說就是「Learning by doing（做中學）」。這也是我在研究所學習的重點課程之一。看似跟我工作無關，有點不學無術，但它卻在我生命中起了化學變化。我們也將運用「體驗教育」的課程模式，與非洲學童進行相關的互動與學習。

目前我們預計以義賣T恤的方式籌募善款，目前由於四川震災的排擠效應，我們的募款狀況並不好。這件T恤我們特地情商一位愛心無比的設計師友人無償製作（如下圖）。只要您捐給我們五百元，就送您一件，絕對物超所值，它是排汗衫材質，非常適合您和另一半當情侶裝或在休閒時和家人一起穿著。

四川震災獲得的關注已經很多，但有些國家的極度貧窮卻也更需要長期的援助。懇請您的支持，幫幫非洲小朋友，也歡迎將此文轉寄給你的朋友，讓大家共襄盛舉。敬請與我聯絡。

我將這封信E給我認識的所有朋友，藉著這封信，我讓所有人知道我要去非洲的計畫，希望動之以情，也兼賣一些人情。令我意外地，認識的友人都很有愛心，也都很捧場，讓我不到一個禮拜就賣出了一百件！有的朋友甚至自己買以外，還吆喝其他朋友一起購買，讓我感動不已。

我在會議上分享我的經驗並鼓勵大家，奇蹟出現了！在彼此刺激帶動下，大家越來越起勁，夥伴間展開良性競爭。本來有些夥伴只賣出個位數，也開始卯盡全力不落人後。慧香甚至說服老公把T恤作爲公司活動的團體服裝，不僅得到贊助更達到宣傳效果，而且一次就賣了三百件！一些熱心的朋友也轉寄我的信，有朋友的朋友覺得活動很有意義，就以行動支持我們。最後不僅把第一批製作的五百件全數賣光，還追加了二百件也銷售一空。同時經過夥伴的努力下，其他公司及政府機關的經費贊助也陸續傳來好消息，一切彷彿都開始順利起來。

五百件T恤，是我原先所認爲的天文數字。平均一個人要賣七十件以上，當時每個人都覺得好難，但最後我一個人就賣超過二百件！慧香一個人就賣三百件！這跟我原先設想的狀況有天壤之別，爲何會產生如此大的不同？

因爲我的心態徹底轉變，在尋求贊助這檔事上，「低調」這個名詞絕對是一個殺手，遇到它我們得閃遠些！我高調的讓所有人知道我們的計畫，有時間逢人就宣傳，有機會逢人就推銷，包括我的老闆我都在一次聊天中讓她知道，她也慷慨地立刻捐了一萬。

我們多少都有被拒絕的經驗，這是一種不愉快的感覺。而我們常常把這種感覺「擴大」，甚至把它想像成全部，心中環繞著這種不愉快的感覺，這會使我們裹足不前，缺乏前進的勇氣。實際上，對義賣T恤來說，雖然單就一件T恤的價格來說是貴了點，但仍是大家可以負擔的價格，而愛心的「價值」是遠遠超過衣服的「價格」，花個五百元我們就可以幫大家把愛心快遞到非洲。

這些改變，對我而言是一個相當大的突破，我相信對團隊的其他人而言也是如此。不在乎被拒絕、不害怕失敗，再接再勵才能成功。所謂「伸手不打笑臉人」，我認爲只要展現十足誠意，最多碰個軟釘子而已！況且硬釘子又何妨？這正是讓我成長的最佳機會。聽起來很諷刺，但有時當一個「大面神」也是人生必要的學習！

反正一句話，我豁出去了！

「當你真心渴望某件東西時，整個宇宙都會聯合起來幫助你。」《牧羊少年的奇幻之旅》

CARING
EXPEDITION
OVERSEAS
07/23
07/22
07/12

第五章 CHAPTER 5

團隊形成過程

不只是「承諾」

在籌備及訓練期間，曾經發生H君的「不告而別」事件，有一次H君連續兩個禮拜沒來學校開會。本來H君就是個十足的大忙人，那時他的休閒事業才剛起步。依他的個性，連續兩個禮拜都沒來，毫無音訊且原因不明，大家開始覺得納悶。後來有人突然收到他的簡訊：

「各位夥伴，辛苦了！由於我個人的疏忽，我必須選擇退出這次的計畫，請各位原諒。往後如果有什麼我能夠幫上忙的地方，請直接吩咐不要客氣，祝計畫一切順利。」

看到簡訊後大家一頭霧水！後來才知道H君因工作忙碌居然忘了註冊，且過了最後期限。在與教務單位溝通未果的情況下，不但不能選修這門課，依規定還得辦理休學，否則將被退學。而他的處理方式是打算留下一通簡訊便消失蹤影，從此離開團隊。令我不解的是，H君是當初參加這個計畫行動最早的人，老早就蒐集非洲的相關資料掛在部落格上，顯示他的決心，爲何那麼輕易就放棄？團隊對這種結果都很無奈，卻也無計可施！

小謀老師對這樣「突然消失」的行爲很介意，要他不管如何都必須先回來向團隊說明清楚才行。星期一開會，H君赫然現身教室。原來前幾天H君已先跟小謀老師聯絡，經過老師出面與學校溝通背書，他總算有機會可以重新歸隊，這代表我們

LOGO上最醒目的K字（代表我們挑戰攀登的Mt. Kilimanjaro及Mt. Kenya），仍然維持了八個點（意味著八名團員）。我們團隊人數實在是夠少了，原本大家應該覺得慶幸，但小謀老師此時卻提出不同的看法。

他認爲，不見得一定要讓H君歸隊，他的去留應由所有團隊成員決定，如果團隊中有一個不同意，他寧願讓H君退出。小謀老師對此事的處理讓我印象深刻，記得在H君歸隊當天，老師對我們進行機會教育。以往開會時兩位老師都只坐在後面聆聽我們討論，而小謀老師當天講的話，甚至比開學以來的這兩個月加起來還多！顯示他對此事的重視。他不希望團隊再發生類似的事，要H君給大家一個承諾，H君也當下承諾絕對不會發生同樣的事情。當然這背後的意義也是提醒我們這群夥伴，能夠彼此擁有共同的承諾，並「信守承諾」。那次的開會沒有任何進度，僅僅針對此事做討論。此外大家也將心裡的不愉快，敞開心胸宣洩出來，說出「眞心話」讓彼此瞭解。雖然之前我曾經一度因爲在會議上的直言批評，惹來H君的誤解，甚至連我的電話都不接。但這一切都過去了，大家都刻意對此事輕描淡寫。這個事件的結論是「大家仍然願意接納他重新歸隊」，繼續爲共同的目標而努力。事實證明接受H君是個正確的決定，H君後來在計畫上扮演一個相當關鍵的角色。

人要在社會上立足，「誠信」是一件很重要的事。「背包揹輕一點並不可恥，唯一可恥的是你說你揹得動，結果卻揹不動！」《大山之歌》。《商業周刊》一〇四七期封面故事提到一篇香港富豪李嘉誠的報導。文中舉了個例子：有一次和一家擁有大筆土地的公司進行合作，他們公司有個董事跟其他的同業是好朋友，有利益的關係。就質疑說爲什麼要跟長江集團合作，不考慮其他公司？他們主席（董事長）說：跟李嘉誠合作，合約簽好後你就高枕無憂，麻煩就沒有，跟其他人合作合約簽好後，麻煩才開始。

有人問李嘉誠：「做人成功的秘訣爲何？」李說：「要做到讓你的敵人都相信你，你就成功了。」要怎樣做到敵人都相信你？「你講過的話，就算對自己不利，還是照諾言做；答應人家的事，吃虧還是照做，這就是誠信。」

我自我反省，在工作上及人際方面，我相當重視自己所承諾的事。我知道自己記性不是挺好，所以常將承諾別人的事用行事曆記錄下來提醒自己。有時即使自己最後無法達成要求，我仍會盡力完成這份「品質雖差強人意，但如期完成」的工作。品質不佳或許可再改善，但無法在期限內完成工作，可是辜負別人的期待啊！我如是想。但在對家人方面呢？

前幾天大女兒愛愛跟我說：「爸比，上次你不是要幫我買彩色墨水匣嗎？」

抱歉，我忘了！愛愛跟我說第二次了。

有一次老婆留張紙條對我說：「老公，今天記得幫我把垃圾及資源回收一下，謝謝。」

老婆下班回家時，垃圾與資源回收廢棄物仍座落牆角。

抱歉，我又忘了。

雖然是小事，對家人而言，我的態度是有些放鬆了。除了說抱歉外，我應該調整一下腳步。

「忙」，不應該是藉口，重視與否才是關鍵所在。

「一個團隊必須彼此有共同的承諾，沒有承諾無法成就任何大事。承諾很容易，兌現承諾，則需要堅持及執行力。」

「團隊合作」才是王道

今晚我又失眠了！一向好吃好睡的我，卻在最近連續失眠兩次，全是爲了非洲計畫！

猶記得計畫剛開始，由於迫在眉睫，大家有共識要將最重要的贊助計畫書先行產出，並指定一位夥伴初步擬稿，決議下次會議中進行討論修正。

第一個禮拜過去了，他推說這禮拜工作實在太忙……。

第二個禮拜，還是沒生出來，且沒有任何理由。

那次會議上，我爲此事動了氣！經過兩個禮拜卻什麼進度也沒有，這表示完全不將計畫放在心上！而且分工設職，一環扣一環，當一個人未落實進度，亦表示另外一個人可能無法銜接，將使延宕的情況加倍嚴重。在會議中我直接表達情緒，於是當晚的會議氣氛搞得很僵！也許是因爲想把這個計畫做好的心態使然，而時間實在有限，我相當重視進度的掌握。在每一次的開會討論，我期望每個人對於自身承諾的工作都能負責並照進度執行，當然進度能超前更好！但團隊彼此間只是同學的關係，沒有任何強制性的約束力量，這造成有些人很認眞執行計畫，有人卻顯得無所謂。最後在會中我還是懇請大家要爲這個計畫多費心，盡早進入狀況，不管如何都必須努力執行自己負責的進度，有任何困難就讓大家瞭解、溝通，共同尋求解決之道，否則計畫延宕的後果到頭來還是必須一起承擔。有的同學點頭答應，也有的同學默許了。

但後來自我檢討，我思考在這件事情處理及情緒控管的不恰當。

我們看待他人的方式常常是自我的反射，某種角度來說，如果你能夠看出別人的優點或缺點，正表示你也可能擁有同樣的優點或缺點，差別只在於自我控制及形於外的程度而已。所以我們是怎樣的人往往決定「看待別人的方式」，有時你不得不承認這個事實。

人與人之間常存在「認知上」的差距，或許他已經盡力，而得到的結果不如預期，這並不代表他不努力。不同的生活背景及成長環境，造就出不同的個性與態度。同事、朋友及親人間，愈是在乎的人，愈容易拿自我的標準，投射在別人身上，要求別人跟自己一樣，到最後累了自己，還壞了關係，而且事與願違，眞是得不償失啊！在職生本來就很忙碌，爲了工作和生活，生命中突然闖入這個計畫，勢必焦頭爛額！一般生何嘗不是如此？除了正常的學分外，計畫耗費他們大半時間及精神，一時之間彼此都必須適應這樣的狀況，我們應該互相體諒才是。

進度固然必須掌握，進度延宕當然必須檢討，適時表達情緒也能發揮警惕作用。但在情緒過後，如何讓團隊步入正軌，繼續往目標邁進，卻是更重要的事。光憑一己之力，難以成就任何一件眞正有價值的事，如此浩大的計畫，絕不可能靠一人獨自完成，必須得靠團隊合作。

俗語說：「一個賢能的人背後，一定還有其他賢人。」好比我們的T恤巧思，其

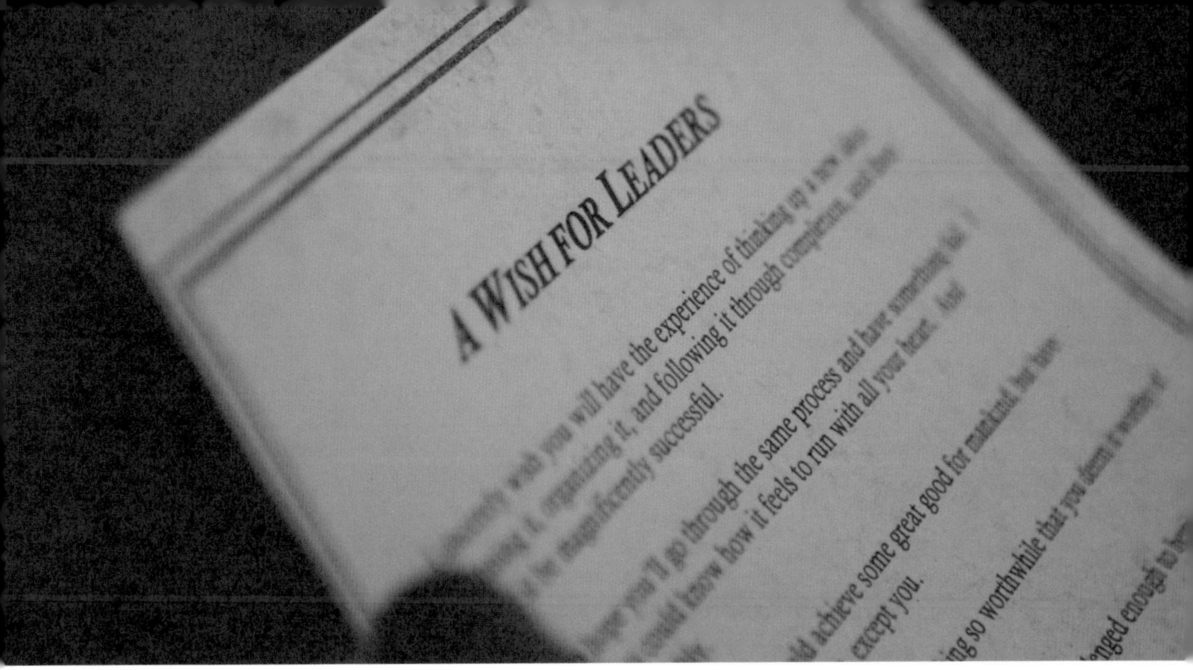

這一門課為領導力課程，指導老師叫「大自然」，面對它你必須學會謙卑。
領導者的思維不應以「自我成就」為定義，而是了解他人的需求，以「協助他人完成目標」作為衡量成就的標準。

創意就是團隊夥伴你一言我一語、集思廣益的結果。在團隊中，領導者固然必須對成敗負責，但一個團隊可以做的事往往比一個人還要多得多，我們都無法事事躬親，都必須依賴你的團隊。

在這個事件上我體會到，我不應嘗試去改變別人，也不應將注意力全都聚焦在他人身上，有時自己可能才是問題所在。如果我能先檢討自己，也許看待他人的角度將完全不同，一個領導者必須真正瞭解並誠心接納這樣的事實。因此我要做的不應只是一味的要求及掌握進度，如何保持謙遜、增加別人的價值及凝聚團隊向心力也是我應該思考的另一個重點。

「鐘鼎山林，各有天性」，學習尊重別人，傾聽他人意見，溝通彼此想法，是一個「領導者」的基本條件之一。今天團隊爲我上了一課。

「當我增加自己的價值時，只是成功；當我增加別人的價值時，才是卓越。」——約翰、麥斯威爾

不要衝太快了

某次訓練，本來預定是騎單車的訓練行程。原先我們打算向學校借單車，由於依規定必須於三天前申請，而負責借裝備的夥伴兩天前才去租借，我們臨時變更我們的訓練行程，改爲「觀音山硬漢嶺」登階訓練。

硬漢嶺，海拔六一六公尺，是觀音山六條步道中海拔最高的步道，來回約兩個小時路程。團體訓練，除了可達到訓練目的外，亦可聯絡感情，過程中也可討論計畫，算是一種行動式開會，可謂一舉數得。這天我在夥伴之間來回穿梭，除了掌握計畫的進度，也希望藉此機會熟悉「計畫之外」的彼此。

以登山來說，距離長還不算問題，但遇到上坡路段，最能眞實看出個人的體能優劣。由於夥伴們的體能狀況不一，硬漢嶺連續的陡坡，一下子就把夥伴彼此的距離拉開了。這次我和瑞芬大部分的時間都走在一起。她是團隊年紀最小的成員，今天我跟瑞芬聊了很久，實際上她並不像外表給人的感覺那樣內向，或許大家熟了，話匣子就打開了。

「其實，以登山安全守則而言，我們不應該把隊伍拖得那麼長！」瑞芬突然說。

「嗯，我想應該是大家覺得這裡的路好走又沒什麼風險，所以心態上比較輕鬆，隊伍就拖長了些。」我接著說。

其他人後來趕上了，在休息時大家說說笑笑氣氛融洽，慧香突然語重心長冒出一句話：

「我想這次爬山我應該都會殿後吧！」

據我所知，慧香完全是衝這個計畫才來讀研究所，在計畫期間，她每禮拜搭高鐵往返台中桃園上課，令人由衷佩服她的毅力！如《大山之歌》書中所說：「登山就像人生中大多數的事情一樣，百分之八十靠心力完成，百分之二十靠體力完成。」以我認識的慧香，我相信絕對可能完成這次挑戰。但我也瞭解殿後的感覺一定也很糟，心裡想著一直要麻煩別人等你，好不容易才剛跟上了，別人卻又要出發，總是無法獲得充分休息，這是無止盡的惡性循環。

對於體力較好的夥伴而言，在登山的過程中，假設隊友速度和你相差太多，你就必須耐心等待你的夥伴，不能自顧自地往前衝。而「等待」聽起來似乎很容易，但執行起來卻完全不是那麼一回事。在登山過程中能配合自己的步伐節奏來行進是最佳的攀登方式，太多的等待無形中會消耗你的體力，有時甚至比上坡還累！而在心理方面，倘若本來預定八個小時可以完成的行程，硬是多了好幾個小時，也會讓等待者不自覺地煩躁，這種狀況在訓練過程中肯定會常常發生。然而硬漢嶺來回不過兩個小時，吉力馬札羅山可是每天要爬七、八小時以上，而且連續爬五、六天。在這樣漫長的時間你必須學會有更足夠的耐心來等待你的夥伴，再一同前進。我記得有一次訓練，那次大家都被操到精疲力盡、汗流浹背，我為了激勵大家便說：

「加油！會流汗才是男子漢！」

「不對，會等待才是男子漢！」慧香在喘息聲中冒出一句話！

後來這句話在我腦海中迴盪好幾天！

我突然想到趨勢大師奈思比的《十一個未來定見》這本書，書中提到的第六個定見——「不要衝太快了！」如果我們帶著我們的願景跑得太前面，把其他人遠遠抛在腦後時，那我們一切的努力都將白費！有時候太出類拔萃的想法，傳統的權威和既定的知識被質疑時，你是會被嫉妒而成爲犧牲品，有太多的歷史經驗可以證明。

有句話說：「十步先知，百步先烈」。許多人都犯了「衝太快」的錯誤，因爲人性總是想要比別人有見解、有前瞻性。當你成爲一個領導者時，你可以有美好的理想，但大部分的時間請你放在心裡，你必須有更務實的作法來帶領別人。在很多時候你得走在前面向追隨者展示你的瞭解及同情，適時表達你的願景，在時間點上只能稍微超前一點。

把上述結論跟登山相比喻，假使你犯了「衝太快」的

互助的力量—在山上我們互相信賴、互相依存，並協助他人一起完成目標。

毛病，你的夥伴不僅在生理方面跟不上，在心理方面其實更難受！在過程中就曾發生夥伴因自責拖累大家而打算退出的事件，影響可見一斑！

對於落後的夥伴，我們必須適時給予支持、鼓勵及引領。其實，在等待的過程中，大可以妥善規劃，利用這段獨處時間來體會大自然、自我觀照，也許會有意想不到的收穫。換個角度想，這是夥伴給我們的機會，我們應該衷心感謝才是。

我提醒自己，有些時候必須克制自己，不要衝太快了。你要走在多前面，必須視狀況而定，讓自己適應，也讓你的團隊適應。

第六章 CHAPTER 6

非洲前的訓練

在訓練階段，團隊擬定許多課程，依據不同的訓練目的安排訓練課程。如低海拔的郊山因爲交通方便，我們多次在陽明山、觀音山等北部郊山進行負重及肌力訓練。我們也曾攀登合歡山西北峰及玉山等百岳，以及北部知名的中級山北插天山等。跑步訓練則是我們在訓練期頻率最高的訓練，老師要求同學每天都能盡可能抽出時間跑步，增加體能及肺活量，後來我們參加二〇〇八舒跑杯路跑比賽。此外，我們還借用學校的無氧室，以模擬高海拔地區空氣稀薄的情況，進行運動訓練。在訓練前、後期，我們分別進行體適能的檢測，以科學數據來分析，了解個人在訓練期前後的體能狀況，這全都爲了挑戰非洲第一高峰準備。

北插天山—最漫長的兩天

「北插天山」，是一座在北部相當知名的中級山，海拔一七二七公尺，沿途林象優美，並以秋天盛開的山毛櫸最爲著名。此山雖高度平平，難度卻出奇的高，有很多山友都把北插天山當作挑戰大山前的試金石，可見其難度。此次除了挑戰北插天山外，我們預定進行營地選擇、建設及分工等訓練課程，我們準備裝備打算在山上住一晚。

二〇〇八年五月廿四、廿五日，我們在北插天山經歷最漫長的兩天。

原先預計八點準時從學校出發，卻因爲有人遲到而延宕。有人開玩笑說：「我看我們得吃完午餐才能出發！」眞是一語成讖！到最後我們眞的是將近下午一點才從滿月圓的登山口出發。本來預計第一天要在通過木屋遺址的「水源地」紮營，由於夥伴的腳程不一，奕良評估如果勉強繼續走，必定會摸黑行進，增加危險性，而且紮營也不方便！於是大家決定提早紮營，恰巧這個地方離另一個水源只有不到兩分鐘，在山上只要離水源近就算得上是個好地方。

紮營過後，我們在原地野炊，這是第一次和夥伴們在外面進行營地訓練，此時恰好是螢火蟲的季節，滿山滿谷的螢火蟲，加上空氣清新。在這樣一個舒服的氛圍下，大家坐在一起聊天及分享，不知不覺就到午夜。睏到不行的我，幾乎是一入帳篷就躺平，倒頭就睡。

令人訝異的是，雖我的睡意甚濃，卻過沒多久就感到飽足感。我總以爲快要天亮，一看手錶卻離天亮還有好幾個鐘頭！這樣的現象讓我一晚起來好幾次！奕良告訴我這是正常的生理現象，我對這樣的一個生理現象感到好奇，卻也享受花少少時間就能得到的生理飽足感，之後的幾次戶外經驗幾乎都是如此，我稱它爲「露營症候群」。

第二天大夥預定四點起床、五點出發，但吃完早餐已是五點，從營地出發的時間是五時四十分。離我們預估出發時間，又晚了四十分鐘，我們的遲到現象似乎已成宿命！但「出來混總是要還的！」假設攀登時間固定的情況下，代表我們要更晚才能回到登山口。

早已耳聞北插天山不是一座好爬的山！實際又比想像中難度更高！一路上數不盡的階梯和爬不完的陡坡，令人沮喪！加上不停地互相等待耗費許多時間！沿途的小黑蚊也相當惱人，一路陪伴我們前進。雅期戲稱他爲「盯眼蚊」。這種蚊子特別喜歡在人的眼睛周圍不停地盤旋！雖不會叮咬你，卻揮之不去，令人煩躁！後來知道這種蚊子對汗水及鹽分敏感，所以才會一直圍繞你打轉！當時心裡眞想把這群小東西一隻隻解決掉，牠們卻前仆後繼，防不勝防，最後索性放棄懶得理會牠，任由牠們欺負了，誰叫我們闖進牠的地盤呢？雖然這些小黑蚊對我們的體能及行程，不致造成太大影響，但因爲牠的騷擾，讓心情一直很低落。

所謂「行百里路半九十」，用這句話形容北插天山的路況眞是貼切！尤其是最後的一段路眞是要命！這條山路似乎永無止盡，時時刻刻都有讓人想要放棄的感覺。每當爬升到一個痛苦的階段後，總會推估山頂快到了，但實際上卻忘了估計我們的腳程相差別人實在太多，他人的經驗並不一定適用我們。於是我們在期待與失望的過程中，不停地循環。但有些山友卻把爬北插天山當作一種定期運動，每個禮拜至少爬一次，這些人算是早起的鳥兒，當清晨第一道曙光出現之前，他們已經走了好幾公里。我們自覺已經很早出發，但才走到半路，他們卻早已登頂往回走，有的還上了年紀，體力卻好得驚人，加上對路況的熟稔，我們實在遜色太多。

印象中，當我最後一次以爲眞的到達三角點時，我興奮地向後面的夥伴們呼喊，後來發現我又搞錯了。正巧一位山友走下山和我擦肩而過，我充滿疑惑地問他距離山頂還有多久時間？得到的答案竟是「還有一小時就到了！」

「還有一小時？我以爲不到十分鐘！何況，眞的只有一小時嗎？」不是我不相信他，很多山友很習慣說出善意的謊言，來鼓勵像我這種一路上只會問「還有多久？」的菜鳥。

後來我試著不抱任何期待，放鬆心情繼續往上走，卻不知不覺地發現三角點出現在我的眼前！但已經是中午時分！我第一個抵達，卻在山頂等了快兩小時、等到發慌！此時電話也收不到訊號！我猜想有夥伴會不會選擇放棄了？正猶豫是否要下山跟他們會合時，此時卻看到奕良的身影，後來其他人也陸續上來。

我看到瑞芬登頂時神色憔悴，直覺有事發生。後來才聽說在攀登的過程中，她感到十分辛苦，又跟不上其他夥伴的腳步，生理及心理都感到疲憊，自覺拖累夥伴，好勝的她雖然一路強忍，眼淚卻不聽話掉下來。幸虧有奕良一路陪著她，所以她還是勉力登頂了。記得在出發前她還跟我提到，這是她第二次挑戰北插天山，第一次由於氣候因素無法登頂，但第二次終於靠著意志力如願登頂，可能是因爲實在太累了，絲毫不見她的喜悅。下山時考量瑞芬的狀況，我自告奮勇幫她揹了背包。

北插天山的路難走，山頂的景色卻不符期待，加上當天氣候不好展望欠佳，不免讓人失望！但大家還是一起留下我們登頂的團體照，還有許多個人

北插天山登頂合照（2008.05.25 13:00 PM）

的「創意照」。依現在的狀況及時間估計，我們要在天黑之前順利回到登山口幾乎是不可能的任務。大家討論後，決定由腳程較快的筆強跟我打頭陣趕下山，先回營地將帳篷及大家的裝備打包，以節省時間。

對陡峭的北插天山而言，上山需要體力，下山則需要耐心，有時腳步快未必是件好事，反而容易因大意而產生危險。北插天山的高度差相當大，有幾段山路幾近垂直，不論上山下山都不容易。往往必須靠雙手抓著繩索攀爬，一個不小心就可能會滑倒受傷，加上天雨路滑，更增添行進的難度。

我和筆強雖然走在前頭，我卻開始擔心其他夥伴們的狀況。這時我想起奕良的話：「我們應該盡量避免獨自行動，至少要分成兩小組，大家一起走。」筆強的腳程很快，走在我的前面，三兩下就不見蹤影。我後來臨時改變主意，決定不提早到紮營處，要等其他夥伴。

預期的雨提早來了，我從容地穿上雨衣，在路旁等了好一會！過了約一小時，慧香、雅期、好甄趕上來了！我亦步亦趨地陪伴她們，雖然慢卻安全踏實。在途中我靠著一棵樹休息，突然間樹枝應聲斷裂，我踉蹌一下穩住重心，同時三位女生也很沒同情心的哈哈大笑。伴隨著笑聲，慧香突然驚叫滑了一跤，我趕緊脫下手套趨前查看傷勢，還好只是稍微撞到，膝蓋有點小挫傷，沒有造成嚴重的傷害，算是不幸中的大幸，否則我無法想像還有那麼一大段路，如何揹一個人下山？

過了一小時，雨終於停歇，我們在水源地停留休息吃點東西，心想應該不會再下雨了吧？我好像未曾看過一天下兩次午後雷陣雨，於是我自信地將雨衣脫下來收進背包。

只可惜事與願違！當老天爺要考驗你的時候，是不會按牌理出牌的。第二次的雨來得更快更急，我連雨衣都來不及穿全身都被淋濕，索性雨衣也不穿了。到達營地時，大雨滂沱，全部東西都濕成一團，也不知道怎麼收拾才好，我痴痴地枯等其他夥伴。我的衣服濕了又乾、乾了又濕好幾回，突然覺得我爲什麼要在這裡？一些負面情緒頓時湧上心頭。

我躲在帳篷裡聽著雨聲發呆，不知不覺就睡著了，突然間被人搖醒，只見奕良微笑出現在我眼前，眞佩服他這個時候還笑得出來？大夥終於回到了營地。幸好有奕良，教我們如何在雨天做危機處理，如何整理裝備收拾細軟⋯。但當我們準備下山時已經五點了。我們預計大概晚上七時三十分能到登山口，意謂我們無可避免要摸黑行進了。過程中我反覆思考一個問題：團隊體力的差距加上缺乏效率的時間管理，這樣的情形往後將會一直發生。就登山活動來說，摸黑行進應該要盡可能避免，倘若情況一直不改善，我們要如何因應這種危險的狀況？

天色漸暗，雨卻越下越大，爲了安全起見，我們決定集體行進，八個人亦步亦趨、依著相同的步伐頻率前進。突然間，走在最前面的少康停住了！原來他發現前面的路變成一條溪流，已無路可走！頭燈的光源有限，黑漆漆什麼也看不清楚，大家一度以爲路被衝垮了，可能將被迫在山上多住一夜，令大家相當緊張。後來才弄清楚原來是雨下得太大，雨水一下子全往山下衝，匯集成一條「小河流」。仔細一看小河流大約只有兩公尺寬，水深尚不及膝，小心點徒步仍走得過去，這時大家才鬆了一口氣。

摸黑加上天雨路滑，我們走得格外小心，大家的體力也都消耗差不多了，在這種情況下，我們更必須放慢步伐，以策安全。最後我們是在晚上九時才抵達滿月圓登山口，果然時間還是超出預期。整理完濕答答的裝備，晚餐和宵夜一起吃，今天我們共爬了十八個小時！狼狽不堪的我，搞到將近半夜兩點才回到家！一下子也睡不著，打開電視是紐約洋基隊的比賽，剛好由王建民主投，他今天狀況也不好，跟我一樣…。

這次我體會到：

在山上，永遠都有意想不到的事。

在山上，你要學會等待。

在山上，保持謙卑，永遠別太自信。

在山上，計畫永遠趕不上變化。

在山上，什麼東西都變得美味了。

在山上，大家不會太計較衛生問題。

在山上，你才可以分出登山鞋的好壞。

在山上，除了登頂，也別忽略沿途的風景。

「談跑步」，不是所有對你有益的事都令你感興趣

夥伴們只有每週一開會才算正式聚在一起，所以從計畫之初，小謀老師就希望我們自我要求，每天一定要抽空跑個三、五公里。平常就熱愛運動的我，運動早已成爲

生活的一部分，對平常沒有運動習慣的夥伴來說，每天跑三公里，要持之以恆並不是件簡單的事。不過既然要挑戰非洲第一高峰，光靠體育大學研究生的名號，並不代表體力一定好，自己的體能狀況自己最清楚，每個人都必須加油才是。

除了平時的自我要求外，團隊在開會中也決定，在每週一開會前進行團隊跑步訓練。四月十四日是團隊第一次的環校跑步，大家一起環校跑兩大圈，約五公里，花了卅五分鐘。快慢還是其次，重要是這次所有的人都完成了兩大圈，算是一個好的開始。

經過兩個多月後，我們決定報名一年一度的路跑盛會二〇〇八年舒跑盃，這是團隊在計畫內預定參加的路跑賽，藉此檢驗夥伴們兩個多月來「自我訓練」之成果。

舒跑盃在五月四日舉行，此次起跑點是從台北市政府府前廣場，六點準時開跑。沿著仁愛路一直跑到中山南路，繞過景福門再折返回市政府共九公里。其實這條路我再熟悉不過，以前每天上班總要走上幾回。平常開車加上紅綠燈感覺遙遠，想不到從台北市政府到總統府才不到五公里，不過「馬先生」倒是努力了很久，還一度因爲官司有可能到不了。

相較於以往參加的路跑賽，這次的路跑不算好跑。一方面是因爲參加人數太多，我一向不習慣跟大家擠在起跑點，所以總是排在後頭，再靠起跑後的急起直追。但人數多要超越就必須一直閃來閃去，感覺很不痛快；另一方面，整條仁愛路沿途有太多的交叉路口，要完全管制不可行，偶而還是要南北向放行。所以常常跑到路口時會被迫停下來，等南北向的車子疏導後才能繼續跑，也影響順暢性。不過能夠跑在北市景觀最佳的仁愛路林蔭大道也是一種特別的體驗，平常都是開車匆匆駛過，驚鴻一瞥而

已。

在路上我們還巧遇藝人戎祥及他的妻子，開著一部白色賓士沿著慢車道，大聲幫我們喊加油。突然有聲音要他下來一起跑，呵呵！真是不給面子。戎祥也只有尷尬地微笑以對。

我感覺身體開始熱起來，便邁開步伐，用我一貫的策略慢慢趕上。到終點時看了市府大鐘，顯示六時五十二分，扣掉我們晚十分鐘出發，大約跑了四十二分鐘，差強人意。

我趕緊到補給站補充水分，又立刻跑回終點處等待其他夥伴，指引完跑的夥伴補充水分及休息。我看著大家陸續抵達終點，一一跑完全程。這次的九公里路跑對夥伴而言，都是有生以來最長的跑步距離。雖然彼此間體力還有一段不小的差距，但每個人都能夠堅持完跑，已屬不易，算是一項很大的突破！

在計畫期間，跑步可說是我們最頻繁的體能訓練，每週一開會前，我們固定進行團體跑步訓練，藉此瞭解彼此的體能並凝聚團隊情感。

有人說：「**跑步傷膝蓋！**」

也有人說：「**跑步太無趣了！**」

這些論點基本上都是正確的，如果十年前問我喜歡不喜歡跑步？我會毫不猶豫地說：「跑步太無趣了，我的最愛是籃球，既可與朋友互動又可達到十足的運動效果。」籃球伴我走過大部分的年輕歲月。但歲月催人老，我開始一次又一次地受傷，籃球曾帶給我快樂，也帶給我全身的傷痛！不過打籃球現在對我來說似乎太激烈，勉力硬撐只是預告下一次的受傷，只是偶而仍會技癢，到現在我看電視的籃球轉播心中仍不免悸動。

於是我開始跑步，它逐漸成爲我最主要的運動。但我較在意的是跑步的距離，遠勝於速度的快慢。

跑步是一項經濟而平易近人的運動，你不用大老遠上健身房花大把鈔票，也不用敗一台幾萬塊的單車擺在家裡佔空間，更不用跑到游泳俱樂部去加入會員。你只要有一雙球鞋，幾乎隨時隨地都可以跑，沒有任何的場地及時間限制。甚至我看到有跑者下雨天都還風雨無阻在操場跑。而我個人也越來越享受跑步跑到恰到好處，神清氣爽，通體舒暢的感覺！

有人說：「跑步傷膝蓋！」那是因爲跑步的距離或強度，超過本身負荷太多而導致受傷，事實證明適量的跑步訓練可強化腿部肌肉及膝蓋，也有助於補充鈣質。

有人說：「不喜歡跑步！」你大可選擇其他的運動來取代，只要能達到同等運動效果。

跑步對我而言，還有另一種心理層面的意義。一開始參加路跑賽，總會下意識跟別人作比較，尤其是一同參加的同事或友人，會很在意彼此的成績。後來我開始體認到比賽中不應該去設定要勝過某人，或者是以某人爲目標。試想，如果你的假想敵表現超水準，你自然很難贏得過他；若他的表現不佳，你贏他也沒多大意義。每個人所在的基準點不同，很難放在同一天秤作比較。好比費德勒沒拿到大滿貫金盃就不算贏，而盧彥勳打進溫布頓八強就已經是頭版頭條了！

就我個人而言，我在意的是個人的最佳成績，希望能以此爲標準來突破。簡單地說就是超越自己、超越過去，倘若能達到自己預定的成績，就足以讓我興奮莫名，這是一種純粹因超越自我而產生的奇妙快感。因此在跑步過程中我會專注在自己的配速上，較不受他人影響，表現自然不容易大起大落，這種心理素質的鍛鍊，其實亦可應用在工作或生活上。

這是競爭和挑戰的不同之處，也是我對跑步的另一層體會。

此外，也有人認爲，跑步並不算是一項符合人性的運動，跑步太單調乏味了，簡直是自找罪受！寧可選擇其他的運動。的確，當跑者面臨心靈與身體的嚴峻挑戰時，此時所有的念頭都會叫你放棄，要堅持下去的確不容易。但「並不是所有對你有益的事，都令人感興趣」，跑步就是最佳例子，一件簡單而對你有益的事，它可以在最短時間內消耗熱量，可算是最有效率的運動之一。如同馬拉松界流行的一句話：「**Pain is inevitable, suffering is optional.**」疼痛雖然無可避免，卻是自我磨練的選擇。

在跑步的過程中，都會遇見撞牆期，有時你覺得快不行了，體力似乎已經達到極限，卻往往只是心理影響生理，此時挑戰才算眞正開始，你必須調整你的心態，把它化成一個個的小目標，化整爲零地去克服它。試著將身心的疲累昇華並沈浸其中，只要你堅持下去，就會到終點，這點跟登山有異曲同工之妙。所以，登山也不會直接跳到「登頂」的結果，過程中你也會遇到撞牆期，其中的單調與枯燥是必然現象，有更多時候你必須耐得住寂寞與煩躁，山路永不漫長，只要你一直走。最後你才能真正體會登頂的不凡，享受登頂的喜悅與快感。

後來我知道村上春樹也是一名跑者，他曾在著作《關於跑步》書中提到，他死後想在墓誌銘上刻著：**「這裡面躺著的人，是一名作家，也是一名跑者。至少到最後，我都沒有用走的。」——村上春樹**

「至少到最後，我都沒有用走的。」真有深度的一句話！這是馬拉松的精神與意義所在，有跑過馬拉松的人，就能深刻體會這句話。

而這句話同時也反映人生。

「你不是直接去爬珠穆朗瑪峰，正如你不能直接成為一位校長、業務經理或職業高球員一樣，你首先必須先成為一位老師、業務代表或業餘高爾夫球員，經過學習成長才能做好準備。」《大山之歌》

「爬Kilimanjaro當然也不是直接去爬Kilimanjaro！」，在挑戰大山之前，不論是技術、體能、心靈等方面，我們都必須一再地挑戰自我極限。否則，此次計畫的意義何在？

玉山單攻紀錄

二〇〇八年七月十、十一日，團隊挑戰單攻台灣第一高峰玉山主峰，海拔三九五二公尺。

一般攀登玉山行程，若從塔塔加到玉山主峰都是規劃三天兩夜。第一天先抵達塔塔加，在附近住一夜適應高度，第二天開始從塔塔加攀登並夜宿排雲山莊，第三天一大早從排雲山莊登頂並返回塔塔加，這應該是最大眾化的挑戰玉山行程。但我們這次決定單攻玉山，第一天先到塔塔加附近的上東埔山莊進行高度適應，第二天凌晨從塔塔加攀登玉山並返回塔塔加。這次的單攻訓練主要是模擬攀登非洲吉力馬札羅火山最後一天登頂的情境，我們必須在凌晨零時出發，挑戰登頂並及時返回基地營。

七月十日我們九時學校集合。如同上次合歡山西北峰一樣，我們分乘兩部車出發，預定在傍晚抵達上東埔山莊，吃完晚飯後休息，凌晨一時自山莊出發攀登。但「計畫永遠趕不上變化」，過程中包括出發時間、中午吃飯、採賣等，我們都花了太多時間，最後我們搞到晚上近九時才到達上東埔山莊。經過討論後，爲了完成這次單攻，大家決定犧牲睡眠時間，還是依原定計畫零時起床，整裝快速出發。

雖然我很快就躺平入睡，但要在零時起床，才三個小時的睡眠時間顯然是不夠的！有些夥伴輾轉難眠就更難受了，幾乎還沒入眠就要起床。不過我們也沒時間想太多，只得快速整理行囊。我們在凌晨一點左右出發，抵達塔塔加登山口。根據前人的紀錄，單攻玉山約十至十二小時可來回，不過那是健腳級的身手！團隊到底會需要多少時間呢？我心裡實在不敢想，只希望團隊平安。

一開始我們頂著頭燈摸黑向前走，頭燈照射的有效距離僅約一到二公尺左右，右邊就是深不可測的山谷，我們亦步亦趨小心翼翼。直到凌晨四點，由於睡眠不足，大家似乎感覺睏了，開始提不起勁來，頭也越來越低。這次的ＬＯＤ筆強決定讓大夥做一個長休息補充體力，所謂的長休息不過是三十分鐘，在白木林休憩亭小睡補個眠。

不過這三十分鐘還眞有效果，讓大家體力恢復，一直撐到玉山的曙光出現。我們在半山腰看著曙光從遠方逐漸透出，可惜因爲我們的速度不夠快，沒能直接從玉山峰頂看到日出，山頂的視野想必更爲壯觀。

七時左右我們到了排雲山莊，在排雲山莊外頭休息，山莊的主人很現實，奕良去跟他要點熱水不給！女性同胞雅期去要就給了，很明顯的差別待遇！奕良自我調侃地說：「沒辦法，山上的生活太苦悶了。」另一個角度想，還好我們有幾個女生，否則要把生水煮沸實在是太花時間。我們自力救濟在山莊外的公共座椅上吃早餐，燒開水煮咖啡。我和奕良已有默契，每次登山他總會帶瓦斯爐具，來等我的自製咖啡，供大家享用。我們在排雲山莊休息將近三十分鐘，從塔塔加到排雲山莊，我們已經走了五個小時，而從排雲山莊到主峰，尚有二、五公里，我們一面吃早餐一面利用時間討論待會的行進策略。

有人說：「是否應該設安全折返點？」，看樣子如果勉力先登主峰再下來，將可能會面臨摸黑返回登山口的風險。

也有人說：「我們要全部登頂難度很高，是否要分兩小隊前進？」只要在正常情況下，團隊會有人可以登頂的。

又有人反對說：「基於安全性考量，團隊還是一起走比較好。不要忘了它是台灣第一高峰，我們要尊敬它。」

這個問題實在兩難。如果我們無法做好時間管理，有效控制其他瑣碎的時間，在團隊行進速度不一的情形下，每次的登頂都將困難重重。想到我近不惑之年，才得以親近台灣第一高峰，難得排出時間到這裡，下次機會不知何年何月？說實在的，此時我很難抗拒「登頂」的誘惑。我在行前還服用一顆丹木斯（Diamox，預防高山反應的藥物），怕的就是上次攀登合歡山西北峰的高山反應歷史重演。

我們的團隊行進時間大約是別人的一、五倍時間，我評估就算拖延一些時間，應該會在天黑前回到登山口。最後大家還是決定團隊行進，並設下安全折返點爲十時三十分，時間一到無論身在何處都必須折返，以策安全。從排雲山莊開始，方才的長休息讓大家恢復體力，沿途大家說說笑笑，邊走邊拍照，心情顯得輕鬆許多，但無形之中又多花了一些時間。地圖顯示排雲山莊開始便是一路的上坡，而且越接近主峰坡度越陡。

登頂前的最後一段碎石陡坡是此行的關鍵，不到兩百公尺距離卻爬升一百公尺，坡度異常地陡，必須手腳並用，相當耗費體力。在高海拔的環境中，空氣稀薄，呼吸越來越困難，喘息聲夾雜著汗水，最後有夥伴幾乎走沒幾步，就必須停下來休息。眼看有些夥伴好像快不行了，但又無大礙，我幫不上任何忙，只能在身旁隨時注意，鼓勵再鼓勵。由於是團隊行進，大家走走停停，在最後一段路，我們花了很長一段時間。

終於到了玉山主峰！時間

是十時十分。我們登上主峰的時間晚了些，周圍群峰都被薄霧繚繞，若隱若現，聽說天氣好時山頂展望超佳，早兩個小時景色會完全不同。不過登頂的喜悅勝過了一切！畢竟這是東北亞第一高峰，我們目前所攀登海拔最高的一座山。其實大家還是藏不住內心的喜悅，有人打電話報佳音，有人猛拍照留念，喜悅替代了疲憊，我們在山頂停留好一會。

冠璋老師說，登山隊伍在登頂時都會準備一項有紀念意義的食物，我們這次準備的是高粱酒，而且帶的是「玉山高粱」，象徵我們攀登的玉山。由於登山守則有避免飲酒的規定，我們淺嚐輒止，來慶祝這次挑戰成功。

我們在山頂拍了許多照片，正面照、側面照、親吻玉山石碑、團體照等。玉山主峰和其他百岳有些不同，除了一等三角點以外，還有一個漂亮的石牌供人拍照。玉山享譽中外，途中我看到一些外國友人，都是抱著朝聖的心情來親近這東北亞第一高峰，這是其他百岳少有的情況，難怪排雲山莊都要用排隊抽籤才輪得到。途中我們也遇到一些登山隊伍，當他們聽說我們單攻玉山時，普遍露出不可置信的表情！甚至還開玩笑說：「台灣有救了！」雖然誇張了點，不過相對時下年輕人常見的網咖或宅男生活，我們顯然健康許多，算是值得驕傲的一件事。

享受登頂的喜悅後，由於山上天氣變化無常，我們立即準備下山。少了登頂的期待心理，下山的路似乎變得更漫長。如同先前預料的天氣狀況，中午以後天空開始飄起雨來，越下越大。回到排雲山莊已接近下午一點鐘，奕良跟山莊主人借了床鋪讓大家休息一會，我倒頭就睡。對我而言，「短暫的充電」效果十足。

休息一下再出發，大夥都把雨衣穿起來，有幾個逞強的夥伴仗著雨不是很大，就不穿雨褲，以致褲子都濕透了。看著妤甄穿著濕答答的褲子，怡然自若的樣子，我突然覺得好感動！爲了挑戰共同的目標，不論男或女，大家已逐漸習慣這樣的環境及訓練，能夠忍受山上的不方便，擴大自我的舒適圈。讓我想起一句話：「在山上，女生當男生用，男生當畜生用。」下雨天算什麼？不洗澡算什麼？皮膚曬黑、衣服濕透當作家常便飯，在山下，共用一杯飲料或食物你會覺得扭捏，在山上，有時卻變成稀鬆平常的事。

在城市中我們住得很近，感覺卻遙遠，在山上這種距離感彷彿就消失了，分享無形中拉近彼此的距離，這是都市人少有的生活體驗吧！

我們晚上六時回到登山口，這次幸運的用不著摸黑行走！不過雨仍然持續，我們快速整理完行頭驅車返家，記得回到桃園已經是晚上十二時三十分，我把裝備清理一下，隱約記得上床時間是凌晨一時二十分。我依舊早上五點起床，搭國光號到台北上班，七時二十分接老闆，晚上十一時送老闆回家，我自己則坐十一時以後的區間火車回桃園，結束一天的工作。這陣子研究所的學分加上計畫，我有嚴重的疲累感，每天眼睛幾乎都是痠痛到不行，下班後只想馬上閉眼睛癱在床上，連洗澡的力氣都沒有。所幸我好吃好睡，沒有失眠的困擾，不然這樣的生活不知還能夠撐多久？

我們團隊很奇妙：

每次的登頂，總是有大雨相伴。

每次的登頂，總是要搞到三更半夜才回得了家。

我們所有人共同完成玉山單攻，這應該跌破許多人的眼鏡吧！雖然對很多登山好手來說，爬玉山可能只是一片蛋糕（a piece of cake）。但對我們卻別具意義，因為我們這群「雜牌登山隊」又完成了一次「團隊百分百」的登頂成功。

二〇〇八年七月十一日十時三十分，國立體育大學吉力馬札羅團隊玉山主峰登頂成功！

全力以赴，不要讓自己留下遺憾！

大山之歌讀書會

計畫之初，小謀老師指定我們選讀五本書，分別是《大山之歌》、《僕人—修道院的啓示錄》、《三杯茶》、《以愛領導的實踐家—德莎修女》及《雙贏領導一〇一》。這五本書內容皆和登山及服務學習有關，小謀老師不希望我們被計畫及工作的忙碌給制約，時時刻刻要有新的觀念與學習。

當時周旋於計畫與工作感覺分身乏術，而舉辦讀書會及分享讀書心得的壓力便成爲一種負擔，我甚至有點排斥。如今回想起來，對照團隊當時在計畫中所發生的事件，都在書中得到不少解答與啓發，才體會老師的用心良苦。人不讀書，外表靠化妝倒不至於面目可憎，而心靈的化妝就必須要仰賴看書了。

何謂ＬＯＤ

ＬＯＤ係（Leader of the day）的簡稱，在冒險教育課程中，每個夥伴都必須輪流擔任ＬＯＤ，來負責規劃當天團隊行進策略、順序、停留及休息點。並適時整合團隊意見，做出各項決定。ＬＯＤ是冒險教育課程中一項領導力的學習，一個稱職的ＬＯＤ，應該對行程有全面的瞭解及預擬處置腹案，並在途中隨時觀察夥伴的狀況，提供必要的協助。

登趣生活
mont

有次到一家體大學長開的登山用品公司去參觀，由於團隊大部分是登山菜鳥，公司特別爲我們進行三十分鐘的簡報，介紹登山裝備的種類、使用方式及選購技巧。感覺登山用品在選購上有相當多的學問，設計越來越人性化，裝備也越來越輕量化，並因應各種氣候環境提供不同級數的選擇。當然價錢也很驚人！整套的裝備如果照原價的話，五萬元跑不掉，實在不是一筆小數目，這還是已經打折後的價錢。我沒將全部裝備一次買齊，先選購一雙登山鞋及登山襪及一套排汗衣褲，但也花了一萬多元。

我們順道借用公司的會議室進行這學期的第一次讀書會—《大山之歌》，書中是敘述一九八八年加拿大一支登山團隊要挑戰世界第一高峰珠穆朗瑪峰（聖母峰）的經過。作者以其豐富的人生閱歷及旅途所見所聞，用一種特別的角度來詮釋山與人生的關係。

此書除了敘述挑戰聖母峰的經歷外，作者著重於在登山過程中，心理層面的思考與對話，這是小謀老師選讀這本書的主因。此書內容自然不在話下，翻譯的功夫也很了得，才能真正有效地詮釋出作者的本意。這本書帶給我很多啓發，會中大家也把心得跟生活實際經驗做連結，分享很多想法。

我提到《大山之歌》中印象深刻的一段故事—扛玉米的婦人。作者在某一段旅程中，曾埋怨自己爲何要揹三十五公斤重的背包，消耗自己的體力，搞得最後上不去。後來他看到一個身高不到一米五、體重不到五十公斤的婦人，揹著大概四十公斤重的玉米從他面前經過，準備回家。通常她們必須花兩天的時間才能回到家，如此漫長的一段路，卻是這些人的例行性工作，從此以後，他對自己的負擔及工作有了不同的看法。

「有時我們會認為世界上所有的麻煩及負擔都落在我們肩上，然而別人也一樣揹負著重擔。」《大山之歌》

不管是生活或是工作當中，每個人都有自己的重擔要挑。對於這個計畫，每個人也都有「重擔」，有來自工作、家庭或學校等，各方面的責任與壓力，都會分散我們的專注力，讓我們無法全心全意投入計畫。過程中我們除了彼此鼓勵完成計畫目標外，也必須相互體諒，並努力不要成爲計畫的「負擔」，還有彼此的「負擔」。

接著大家陸續分享自己的讀書心得，我們計畫的重點同樣是挑戰大山，所以這本書有許多的情境及詮釋，讓人心有戚戚焉。聽別人分享眞是一件好事，你會聽見不同的聲音並激發不同的思考。小謀老師最後提出一個問題：這次的目標理所當然是登頂，但屆時一定會有人沒辦法登頂。他要大家去思考兩件事：一是自己如何面對無法登頂的情況，二是如何面對夥伴無法登頂的情況。小謀老師不要我們立刻回答，要我們有足夠的時間去思考。

我當下想了想，心中立刻浮現答案。

第一個問題：如果是因爲高山症及其他意外導致我無法登頂，我會坦然接受，因爲我知道勉強的結果將導致危險，我不想向死神挑戰。我希望在計畫過程中能夠學習建立自我的核心價值，這是我在《大山之歌》一書中獲得的反思。當然我也瞭解要眞正「坦然接受」無法登頂的事實並不容易，尚非我一個登山菜鳥所能達到的境界；但如果是因爲個人因素，如體力及耐力的原因導致個人退縮而無法登頂，那是我的準備不夠，我會感到懊惱。

圖為吉力馬札羅山一路上幫忙我們揹食物及帳篷設備的挑夫。
「工作中，我們總以為自己碰到的困難，所受的委屈最多。然而，每個人也揹負著重擔，有時候這個重擔還是你給別人的！」

但我還有二個月的時間來自我要求，將盡全力不讓這種情況發生。

第二個問題，面對夥伴無法登頂的情況，我在讀書會中開了個玩笑，我會告訴她(他)：「其實，山上的風景也不怎麼樣！」此話一出，大家都笑翻了！

雖然我們在出發前會做好風險管理，假設所有可能的狀況及預擬處置腹案。但挑戰大山的狀況無法盡如預期，所有意外的發生都不算「意外」。因此玩笑歸玩笑，小謀老師的問題將是團隊必然會面對的問題，大家都必須認眞思考。

而我也不急！還有好幾個月來修正我的答案。

「Climb the mountain,

beyond the mountain.」小謀老師講了一句令我印象深刻的話。

第七章 CHAPTER 7 籌備期的反思

如今回想起籌備期的過程，我是千百個不願意再來一次！我曾經一度想過：「這次大旅行如果沒有那麼多的前置作業，純粹只去挑戰非洲第一高峰，享受山林之間的樂趣，那該有多好！」但後來才體會到，少了籌備期的那段辛苦過程，這次大旅行的感受不會那樣深刻而精彩。

我們需要的不只是「時間」，還有「管理」

生活一旦忙碌就感覺日子過得很快，距離非洲之行只剩下不到一個月了。由於計畫的起步稍晚，我們一直都跟時間賽跑，我們必須盡可能壓縮時間，有效率地完成工作。雖然每個人都清楚這樣的處境，卻總是事與願違。例如總是有人無法在預定時程中完成工作、團體訓練總是有人姍姍來遲、出發時間總是互相拖延以致跟預定的時間有段差距。

守時是一項再基本不過的原則，遲到讓人家等待是一件非常失禮的事，工作未準時完成也是辜負別人的期待，這原本是人人都非常清楚的原則，卻總是有人做不到，所以團隊中「遲到」的現象，習以爲常。這讓我想起曾經看過一則有趣的報導：

「南美洲的秘魯人懶散和怠惰可謂遠近馳名，不僅習慣遲到，甚至成爲綿延幾世紀的歷史傳統。在南美洲，守時從來就不是什麼美德，而在不守時的表現上，秘魯人更是出類拔萃。人們約定時間後，遲到一小時已成了慣例，當地人稱這種情況爲「秘魯時間」（Hora Puruana）。在秘魯，誰準時誰就倒霉。例如：在預訂餐廳座位後，你若準時前往，可能發現前面一位客人還坐在您的位子上，而他才剛要點開胃菜。而秘魯政府爲了改善此一現象，要求全國民眾在每年的三月一日正午一起校準他們的手錶。秘魯政府希望藉守時運動，糾正民眾的習性。」

我惟恐大家「效法」秘魯人，讓這種現象相互傳染而不可收拾！不得已下在某次開會臨時提議，針對不守時的現象要如何改善？最後大家決議要祭出罰則：團隊訓練（活動）中一旦有人遲到超過十分鐘就必須請大家喝飲料或吃飯。由於有十分鐘的彈性空間，這樣的要求相當人性化，在會議中全數贊成通過。奇蹟發生了！從那次開始，大家就很少遲到。可見「準時」並不難，絕對比請大家喝飲料還簡單！「人性的弱點」往往需要被規範。但日子一久，大家逐漸忘記那項罰則，遲到的現象又悄悄出現。

問題尚不僅如此，每項計畫執行我們都會訂定時間表，最理想的狀況當然是能夠按表達成目標。但我們也瞭解太嚴苛的「夢幻時間表」形同虛設，沒有實質意義，所以時間上都會盡量合理。儘管如此，還是有人無法按照原訂計畫達成，所以這個時間表通常「僅供參考」。

這是團隊一個相當大的隱憂。舉例而言，我們的書面計畫往往是急就章，本來計畫可以做得更完美，卻因爲趕在最後一刻產出而被迫將就，未能充分討論且屢見錯別字。我不禁想：「縱使我們的計畫立意再好、再特別，當計畫的贊助（審查）者看出我們計畫的草率，甚至還有錯別字，會不會因此質疑我們的用心？」過程中我們有幾次應該有信心可以爭取的贊助卻未能如願以償，我不知道這其中有無關聯？但可以確定的是，我們尚未盡到全力，計畫內容應該還可以更完善！

此外，在團體訓練中遲到及拖延也是一個相當嚴重的現象，每個人都拖個一、二十分鐘，加上團隊彼此體力上的差距，加起來常常就是兩、三個小時以上。以致我們的計畫總是趕不上變化，屢次被迫摸黑下山，這已經違反「非必要避免夜間行進」的登山守則，這種潛在性的危險是我們不可忽視的風險管理。

有一本管理學的書籍曾經提到，某老闆爲了改善同仁開會遲到的習慣，就在某次開會中，讓不準時出席的主管跟小學生一樣罰站十分鐘，以儆效尤。之後全公司爭相走告，說是老闆如何嚴厲、如何無理，但大家從此卻也知道要準時。由於夥件之間是同儕關係，彼此間並不具任何約束力，所以在心態上就放鬆許多。但能不能準時基本上是「態度」的問題，是「不爲也」而非「不能也」。如果我們能夠在預定時間內達成工作目標，我們就有多餘的時間再去檢視每一個環節，將錯誤降到最低程度。如果每個人能夠準時參與訓練，準時出發，我們當然也有較多的時間去因應各種突發狀況。這是一種自我管理，也是成功者必備的條件之一。

因此，我們需要的不僅僅是「時間」，還有「自我管理」。

我們幹嘛要爬山？

瑞芬在攀登北插天山的經驗後，丟了一句話：「我們幹嘛要爬山？」

其實，在參加這個計畫之前，我也很少登山。登山跟我所接觸的競技型運動相比，運動效果不足。我總認爲一般人只要有心，都可以克服一般的山，只是時間長短而已，沒啥挑戰性。以前覺得登山是「中老年人」的運動，是「缺乏運動的人」的運動。有一次和好甄聊天時提到：「他們班上男生都很愛運動，籃球、棒球…什麼運動都愛！可是叫他們去爬山就死都不願意…」這種心態我完全能夠體會。週遭有許多長輩也喜歡登山，常聽他們講：「又征服了某某百岳，某某步道有多漂亮…。」有了登山這樣的社交活動，豐富他們的生活，眞是美事一樁。對他們而言，登山過程除了登頂外，「欣賞山景」也是大部分山友熱中登山的主因。

以上，是我以往對登山活動的認知，這樣的想法一直持續到我讀研究所之前。

研究所期間我修了體驗與冒險教育與戶外領導的相關課程，在這裡我跟許多不同職業的同學一起學習。同樣的一門課，由於大家的背景及專業不同，思考邏輯及解讀也各異其趣，有些同學的想法常讓我驚豔及佩服。我個人很享受這樣的思考環境，認爲這是一個相當難得的「腦力激盪」的機會。除了在專業領域吸收知識外，心靈上的衝擊也很大！我知道當初若選擇與本職學能相關的研究所，可預期在研究所前後，可能只是多一張碩士文憑的差別而已，要有「突變」及「創新」的作爲，在封閉的氛圍下，的確讓人很難期待，我很慶幸做了正確的決定。

回到主題，我們幹嘛要爬山？

其實，這個問題一開始令我很不解，也有點弔詭，這個計畫不就是個冒險計畫嗎？挑戰大山不就是我們最主要的目標嗎？不爬山那要幹什麼？這個計畫又不是夏令營，過程中的艱辛不是早就可以預期的嗎？如果這個計畫跟吃飯睡覺一樣簡單，沒有任何困難與挑戰，那當初又何必選擇這個計畫呢？

只是這個計畫對每個人都是前所未有的挑戰！過程中你我難免都有挫折及負面情緒，放棄、退縮的聲音更是此起彼落！我也曾經在北插天山登山過程中面對下雨不止，狼狽無助、身心俱疲的情況下，有了「爲什麼要來這裡自討苦吃？」的念頭。脫離舒適圈本來就不是一件簡單事，在舒適圈外，有人選擇放棄，但也有人堅持下去！像是提出「我們幹嘛要爬山？」的瑞芬，由於體能狀況較差，過程中她徹底「脫離舒適圈」，幾乎都靠意志力堅持下去。在山上只看到她的好強，幾乎很難看見她的笑容。而在計畫結束後的一週年，她卻寫了一篇文章：

曾經，我是個討厭爬山的人。

而現在，我發現，行山，其實是一場不斷追尋自己的旅程，而愛上爬山。

一切只因爲一年前的非洲計畫，讓我人生起了徹底改變。

因爲計畫，而有機會接觸到台灣百岳，更在夥伴的互相鼓勵支持下，勇闖非洲吉力馬札羅山五八九五公尺山脈。

對許多登山好手而言，這點高度不算什麼，但這讓我正視自己，了解自己。

在登山過程中，我們只能揹負者自己應有的重量，勇往直前，不斷地往前行走，往目標走，因爲那是自己做的決定，而我們必須要爲自己的決定負責任。

也因爲生病，無法到最高點，甚至無法和夥伴一同登上肯亞山，但在跨越了極限和生死後，我學會了放下和盡力，這對我來說是很震撼的學習，對我來說，放下是我從來沒有想過的事情，但是我在這段旅程中學會了。

一年後，我如期寫完論文，雖然歷經許多挫折，但是我學會盡力去做，然後面對與接受。

一年後，我曾面臨工作難題，猶豫過兩個工作，最後我選擇另一個工作，盡力與放下，這是以前我不曾想過的。

一年後的今天，我才發現，行山就是尋找自己的旅程，每個人都必須爲自己的選擇負責，我們或許會有不同領悟與想法，但是我們都從中學習。

感謝所有吉山的夥伴們，因爲你們，讓我成長，也因爲你們，讓我人生有不同的經歷，謝謝你們，也祝福大家。——瑞芬

瑞芬在非洲期間狀況不好，肯亞山的狀況甚至差到無法上山！看了上述文章，你

會認爲她的收穫不如成功登頂者嗎？

我們都會面臨挑戰與挫折，瑞芬可能是生理方面，我則是在心理方面，而你呢？

在我看來，這段「行山」的過程，對她而言，只漏掉「登頂」而已。法國作家勒內（René Daumal）在《山的相似體》（Mount Analogue）一書中的經典對話：

問：「你無法永遠停留在峰頂，你必須再次下山，所以你幹嘛爬山呢？」

答：「爬山就是這樣，在上面的知道下面的狀況，在下面的不知道上面的情況。一個人攀登，上山，他看見；下山，他不再得見，但是他曾經看見。」

冒險活動的經歷過程可以讓一個人的生命更寬廣，更容易「看得見」。一個人在生命中尋求冒險，從中體驗獲得滋養並不斷學習。在登山的過程中，我體會到更多關於「登頂

「大自然」是使人恢復健康的地方，不僅讓人學習與成長，也讓人在精神與身體方面臻於極致。

以外」的事。

登山，百分之八十靠心力，百分之二十靠體力，它磨練我原先較不足的「心力」。

登山，讓我知道如何將一件看似不可能的任務，「化整爲零」地將它完成。

登山，它讓我學習如何將「負面情緒」昇華爲「正面思考」。

登山，它讓我學習有時別衝太快，放慢腳步，先適應再說。

登山，讓我瞭解什麼是獨處，與山對話的重要性。

登山，它讓我體會到同理心，每個人都有重擔要揹，不是只有你有。

登山，它讓我體會，一個眞正的團隊，除了有共同的目標外，需加上彼此瞭解及信任。

登山，它讓我學習等待，這是知易行難、需要終身學習的事。

登山，它讓我有自信，但也必須學習更謙卑。

登山，它讓我思考屬於自我的核心價值。

登山，它讓我更認清自己。

還有很多生活中的一切，你幾乎都可跟大山學習、印證。

所以，登山不只是登山。

團隊合作？個人成長？

距離我們出發前往非洲，已經不到三個禮拜。

為了檢視團隊成員體能訓練的成果，今天的跑步訓練決定來一次測驗。我們預定環校跑兩圈（約五公里），來檢視大家的完跑時間。一開始有些人就衝出去了，我則依照自己的節奏來跑。兩圈跑完，有些人的成績小有進步，有些人卻自認為體力下降了。

我們一直都維持訓練啊，為什麼會得到這種結果？

回想剛開始的團體跑步，大家同時出發，有人快有人慢，依照個人的體能狀況來自我調整及突破。後來小謀老師上課的一席話，他表示我們是一個團隊，最重要的是「團隊合作」，不應該有個人主義，也不應各跑各的。從那天起我們決定改變訓練方式，往後的團體跑步訓練都一起跑，登山訓練也盡量採取團隊行進。剛開始這樣的訓練模式實施下來，原本體能落後的夥伴，不用一直急於追趕其他人，大家都配合他的速度，壓力自然減輕許多。而且大家跑在一起、互相鼓勵的感覺也很好。甚至在跑步的過程中，大家還可以互相開開玩笑，一邊跑步一邊聊天，顯然大部分人對如此等級的訓練強度，皆感到遊刃有餘。

這樣的訓練模式，充其量只是一種團隊合作精神的展現。體力較好的夥伴「陪公子練劍」，訓練強度明顯不足。個人方面若要有所突破，就必須另行自我要求。以我本身為例，其實在訓練過程中，體能上並沒有太顯著的進步。但值得欣慰的是，對體力較差的夥伴而言，有人在旁陪伴及鼓勵，在心理上獲得支持，體能上也有進步，不會老是當最後一名。但也許是壓力給得不夠的緣故，事實證明進步的幅度，實在差強人意。

測驗結束後，我將測驗成績提供給大家參考，我突然要求大家再跑兩圈！每個人都發出慘叫聲！不過還是勉爲其難跑了。但最後兩圈其實是跑對了，原因是前兩圈已經把身體熱開，所以同樣是跑兩圈，大家跑起來反而感覺輕鬆許多。甚至有夥伴告訴我，跑完步後他感到非常舒服，有流暢（flow）的感覺，這表示大多數人在體能上已經完全的能負荷十公里的跑步，而不會感到疲累。

當我們在追求團隊合作的同時，如何兼顧個人成長及挑戰？這是一個值得省思的問題。

忙、盲、茫

今天老婆打電話給我，說她發現桌上有我的兩張信用卡帳單過期忘記繳，接著數落我爲何那麼不小心？帳單看過以後擺著就忘了，甚至有些連拆都沒拆。我一邊迎著笑臉賠不是，也一邊開玩笑嚷著說：「我需要一個秘書！」算算這是最近我的信用卡帳單第三次過期，這是以前從未發生的現象，卻在這兩個月接連發生。然後我還發現我的房貸未繳，車子也忘了定檢⋯。這時我心裡暗自慶幸：「幸好只是兩張信用卡沒繳而已。」

這幾個月的生活除了工作，就是非洲計畫，甚至有一次連老闆在座車後面，我都還在聯絡非洲航班及計畫的事。以前只要跟老闆一起工作，自己的電話連接都不敢接，都是私下找時間再回電話，現在爲了計畫的時效及急迫性我不得不接。我有時驚覺，這樣一心二用的結果，不知什麼時候會捅出大簍子？時間排擠效應下，也讓我分身乏術。記得愛愛有次問我：「爸比，你這個禮拜有放假嗎？可不可以在家陪我玩？」我似乎也忽略了家庭，雖然這是早就可以預期的事。

我一度自我懷疑，我到底在幹嘛？計畫方面，我認眞執行，盡力去注意每個環節。承諾人家的事我拼命做到，到頭來卻輸了裡子，把自己原有的生活搞得這樣狼狽？工作、家庭、非洲計畫，孰重孰輕？每一部份對我而言都很重要。但到這個節骨眼，我有時會賭氣地想：「我已分不清楚是爲誰而戰？爲何而戰？」

回想一個多月前，有次開會小謀老師要大家分享自己在這幾個月來的生活及心路歷程，想到這陣子的心力交瘁，有人說著說著就情不自禁地哭了，不分男女。可見這個計畫確確實實嚴重影響每個人的生活，打亂每個人的作息，這段期間每個人的壓力都已經逼近臨界點，絕對不是只有我一個人在「水深火熱」而已。如今募款工作告一段落，贊助經費大部分皆已到位，我們按部就班完成不少事。訓練部分，不管在體能或專業知識上，我們都有很多學習與成長。如此忙碌而充實的生活，應該很有成就感才是，但此時我的無力感似乎更勝一籌！

這跟我想像中的「大旅行」不一樣啊，爲什麼？我是不是忘了某些東西？

這個週末我躺在床上輾轉難眠，便起了大早，開著車往三峽滿月圓方向駛去，打算獨自走一段山路。起初我腦筋中一片空白，什麼都沒想，只是漫無目的地走著！後來腦海中自動浮現的，竟是團隊在三月間第一次攀登北插天山訓練的畫面！我們從這裡出發，那天大雨滂沱，搞得我們相當狼狽，慘不忍睹！雨大到把我的耐心都淋掉了，那次我一直到半夜才回到家。

每個人都應該對自己的人生，扛起責任，這就是負責；若覺得辛苦，甚至逃避，就變成負擔。
豎起大拇指，試著輕鬆面對它，就在一念之間而已。

後來的幾次訓練，我們逐漸提升對山的適應能力，夥伴間也由陌生、熟悉，進而瞭解，彼此照顧、支持，甚至也彼此容忍，逐漸培養出友誼及情感。我們共同在舒適圈外挑戰、掙扎，逐一克服，然後再擴大舒適圈繼續挑戰。我想到馬拉松界流傳的那句話：「**Pain is inevitable, suffering is optional.**」這一切不都是我們的選擇嗎？不管是登山還是跑步，都有邏輯思考上的共通點。我們不是應該欣然接受這無可避免的磨練，從中學習體驗、然後成長？我順著北插天山超過上千階的石梯一路往上走，心跳雖然慢慢加速，心情卻豁然開朗，腳步更是輕盈無比，輕盈地將疲累都拋到九霄雲外。

的確，一直忙碌的結果，我忘了「思考」，忘了當初參加計畫的「初衷」。有些事情現在不做，就永遠不會做了，也可能永遠沒機會做了。

我不知道最後能做到什麼地步？只能祈禱天助自助。

「體驗」與「冒險」教育，眞是好樣的。

就剩最後一段路，我想把它走完。全力以赴，不要留下遺憾！

當所有的負面情緒大過我們的信心時，我們的努力會被埋沒，夢想也會逐漸被蠶食殆盡！

所以，莫忘初衷。

第八章 CHAPTER 8

我的吉力馬札羅夥伴們

我的吉力馬札羅夥伴共有四男四女加上兩位教授，每個人都很特別，值得我一一介紹。

慧香（**Wabula**）：是我們當中最年長的女性，但是活力充沛，行動力絲毫不輸其他夥伴。她具有豐富的工作經驗，十多年前就已經在文化大學完成兒童福利碩士學位。那她爲何還來唸體大研究所呢？她曾說因緣際會下，在小謀老師的演講中介紹過此計畫，讓她非常心動，所以來讀研究所可說純粹是爲了要取得非洲第一高峰的入場券而來。計畫期間她每週一從台中搭高鐵來上課，常常搭最後一班高鐵回去，精神令人敬佩！在團隊中她總是居於決策的角色，豐沛的人脈也給了團隊不少支援。爲了這次計畫她辭去服務二十年的社會工作，現在夫唱婦隨前往大陸，開始另一段人生，在此祝福她。

少康（**Mutange**）：初進研究所時學校曾經舉辦一場新生說明會，那時他正好坐在我旁邊，是我研究所第一個認識的同學。後來不約而同，我們選的課居然碰巧都一樣，因此結下不解之緣。他是一個能力很強的人，我對他印象最深的是，他曾在分組報告中，在短短的二十分鐘內製作出一份圖文並茂的投影片，令人瞠目結舌！他熱愛各式戶外活動，也是旅遊活動的經理人，在團隊中他是一個創意豐富的人，常常靈光乍現，帶動其他人的共鳴。

妤甄（**Y-zero**）：是七年級的一般生，很難想像我居然會跟七年級生一起合作，不過我必須要漸漸適應這種狀況。在我眼中，她似小精靈般慧黠聰明，是個直接不矯情的女孩。豐富的打工經驗培養了不錯的職場能力，效率高又負責任，加上溝通能力也不錯，是個相當值得信任的夥伴。不過在過程中我也觀察到她的「擇善固執」，總之是一位團隊當中不可或缺的夥伴。

瑞芬(Joky)：她是團隊中年齡最小的七年級，一開始感覺她的個性內向害羞，相處後發現其實她是有很多想法的人，態度也很積極，是我們這群研究生中第一個完成論文拿到學位的人，可見她的意志力驚人。這次訓練在體能方面她的負荷很大，相當辛苦。但我想這次的計畫不論是生理或是心理上，相信會對她產生極大的影響，這也是她參與這個計畫的心願。和妤甄同爲一般生，在學校事務方面幫了團隊很大的忙。

雅期(Kuku)：六年級後段班的雅期，具有溫柔的女性特質，在她的臉上永遠掛著招牌微笑。剛開始團隊人數少的可憐時，她曾說過「這樣也好，比較容易決定事情！」一句讓我印象深刻的話，超級的樂天派！在幾年前曾罹患淋巴癌，在大病痊癒後，體認到「有些事情現在不做，就來不及做了！」毅然決然參加這次的計畫。所以是計畫自始至終的死忠派參與者，在許多時候都是團隊中極佳的潤滑劑。

奕良(Karanga)：是團隊中登山經驗最豐富的人，長期擔任高山嚮導及無痕山林（LNT）的講師。剛開始團隊有登山經驗的人不多，所以他一直在訓練過程中充當教官指導我們。在登山技巧及經驗方面，都是團隊的良師兼益友。他個性溫和，不常發言，但一出手常是鏗鏘有力的意見。像是要挑戰非洲第一高峰及第二高峰的提議就是他的「傑作」，現在回想起，眞多虧當時的靈機一動，否則這輩子或許就跟肯亞山無緣了。

筆強(Kaka)：是一位高中的軍訓教官，標準的職業軍人個性。一開始讓人覺得好像很嚴肅，但相處一久，本性就露餡了。他展現另外一面幽默的生活態度，訓練過程中有時他信手拈來的一句話常常逗得大家哈哈大笑！還有他經常處在「狀況外」的個性也增加不少趣味。他是團隊中負責訓練部分的夥伴，不過他未使出對付學生的霹靂手段來操我們，反而是急性子的我給大家壓力較大。

小謀老師（Chih-Mou）：是我最敬佩的老師之一，也是這個計畫的領隊兼指導教授。這個冒險計畫從無到有，由他一手促成，在我眼中他是個愛做夢並勇於實踐夢想的人，幾年前曾因心肌梗塞，被醫生宣告終身不能再從事登山運動，卻在一年後仍然帶領學生攀上喜馬拉雅山的島峰（六一八九公尺），創造金氏世界紀錄「心臟裝支架攀登最高海拔的人」，並形容自己是「抓著上帝的手去冒險」。他的授課絕無冷場，讓我有不少啓發，是一個非常有魅力的老師，據說有人完全是衝著他才來讀體大研究所。計畫之初他曾說：「就算六個人也是要去！」充滿熱情的一句話！在氣氛低迷的當時，堅定了大家的信心。

冠璋老師(Georoke)：當然也是我最敬佩的老師之二，恰巧跟我同爲六十三年次，是計畫的另一位指導教授，年輕、優秀，而且沒有女朋友（截稿之日時）。我曾修過他的一門課——戶外領導，從來都不知道領導課程也可以在大自然上課，令我大開眼界。在他身上，我發現另一種不同特質的柔性領導風格。戶外經驗無數，爲學生、爲團體奉獻很多，卻往往無聲，是團隊中不可或缺的一種類型。後來他成爲我的論文指導教授，從此也有了更多的接觸，在我撰寫論文期間給了我很大的鼓勵與幫助，藉這個機會再次謝謝他。

每個人均有差異性，在過程中觀察彼此的差異性是一件很有趣的事情。我們擁有共同的目標，必須懂得互相瞭解及欣賞優點，讓每個人都能夠承擔責任，扮演好自己的角色。同時也要學習尊重彼此的意見，意見沒有優劣之分，有時不好的意見，也可能是一種觸媒，往往能引發不同的思考，進而產生更佳的創意。

我如何定義我自己呢？在團隊而言，我希望能提供一些經驗及資源做出貢獻。期許自己能以身作則執行計畫，並能激勵彼此，激出潛能及火花！我希望和團隊一起完成這件有意義的事，然後和大家共同慶祝。就個人方面，我希望跳脫舊有的框架，延伸自己。過去我常常運用以往經驗來看待事情。現在我學習到必須以更謙卑、更全面的角度來看事情，從中經驗與學習。

由衷地欣賞，奠基於彼此的瞭解與信賴；學習去欣賞你的夥伴，將會有意想不到的神奇魔力。

第九章 CHAPTER 9 吉力馬札羅，我們來了！

行前記者會大成功

這個計畫要讓大家知道，媒體的宣傳成爲很重要的關鍵。非洲前夕我們舉行行前記者會，媒體的數量超乎預期，過程也很順利，這是大家始料未及的結果！記者會結束，我的手機響個不停，全都來自於媒體！要訪問！要資料！要照片！我的電話接到手軟！媒體們顯然對這個特別的計畫相當感興趣。甚至某「水果日報」的記者一直要我提供更詳盡的資料，還要替我們每一位同學做專訪。

後來才知道這家「水果日報」打算將我們的計畫放在頭版頭條做整版的報導！讓夥伴們興奮不已。只可惜最後被一個更駭人聽聞的「桶屍命案」搏了版面，我們的計畫被擠到頭版第二條，不過依然有超過半面的報導。連同各家媒體加起來有超過二、三十則的新聞露出，甚至美國及日本等國際媒體也相繼報導我們的非洲之行，大家對這樣的結果都感到驚喜和滿意，這算是對我們「努力」及「策略應用得當」的一個回饋。

不過「今日的新聞，明日的舊聞」，大家爽一下就好，整個過程讓我結結實實地上了一堂「媒體課」。從一開始如何選擇記者會場地、會場佈置與流程規劃、如何發佈新聞稿、邀請媒體參加、如何製造話題焦點吸引媒體、記者會的主持與接待及流程安排等等。團隊不假他人之手完成這次成功的記者會，證明八個人的力量還是不容小覷的。

明天即將前往非洲，今天我多請一天假，在家準備行囊，也讓自己沈澱一下。下午老婆特別請假提早下班，硬拉著我去家裡附近的壽山巖拜拜，我依著她。其實心裡

台灣：大病患う教師と生徒、キリマンジャロへ

【社會ニュース】【この記事に対するコメント】2008/08/05(火)

心臟カテーテルを装着している台湾体育大学の謝智謀教授（左から4人目）と、リンパがん患者の大学院生ら10人が7月31日、アフリカ大陸へ向けて出発した。一行はアフリカ最高峰のキリマンジャロ登頂を目指すほか、現地で子供たちへの援助活動を行う計画。（CNSPHOTO）

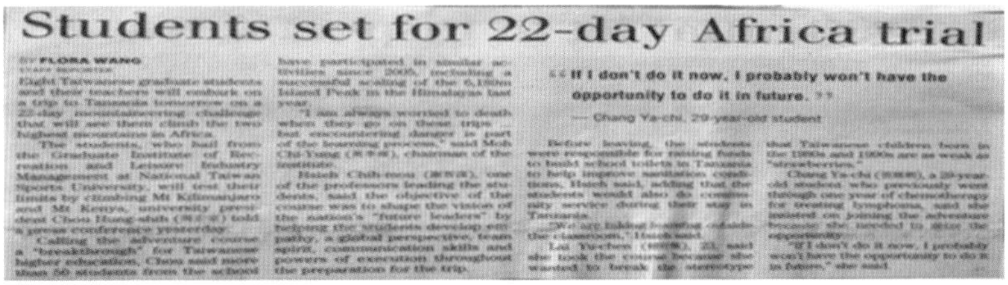

Students set for 22-day Africa trial

BY FLORA WANG

"If I don't do it now, I probably won't have the opportunity to do it in future."

— Chang Ya-chi, 29-year-old student

計畫行前記者會吸引許多媒體參加及報導，圖為英文及日文的相關報導。

明白：「我是爲了讓她心安，勝過祈求平安。」

我們算是已經完成整個計畫出國前的部分，誠如冠璋老師所說：「我們已渡過整個計畫中最艱難的時刻。」回頭想想，出國不是我們最期待的部分嗎？昨天的記者會過後，我有一種「關關難過關關過」的如釋重負。從現在開始，我們才眞正開始跨入「非洲」的部分，結束國內辛苦的前置作業與訓練，開始享受我的大旅行，此刻我的心情既輕鬆又興奮。

整個計畫，出國前執行已經告一段落。工作方面我連續請了二十二天長假，和職務代理人交接後，我花了一天的時間寫了五封信，給爸、媽、老婆還有我的兩個寶貝女兒各一封信。曾在大學修過一門「人生哲學」的課程，當時課程的重點之一就是要求我們爲自己寫好遺囑（will），講遺囑似乎太沈重，姑且稱它「未來式」吧！從此寫「未來式」便成爲我一直以來的習慣，只是定時更新而已。不是我愛杞人憂天，雖然在出國前我們已經盡可能做好風險管理，但沒有人能夠預測未來會發生什麼事。我的人生希望對一切做好準備，對自己、對家人都能如此，至少也得把私房錢的位置交代一下吧！這幾封信全都秘密地躺在我的抽屜裡，只有我知道。希望非洲之行結束後回到台灣，這幾封信

行前記者會上團隊成員與前國體大周宏室校長、產經系莫季雍主任合照

仍然安靜地躺在那裡，如同這本書一般，成為回憶。

回頭看從今年二月到現在，我們完成太多工作，現在回想都覺得驚訝！周遭的人一聽我要去非洲爬第一高峰，只曉得問：「要花多少錢啊？」孰不知這個計畫除了「花」錢以外，我們「花」更多心力在上頭。

計畫從頭到尾幾乎是我們八個人無中生有，絞盡腦汁反覆討論，自己想辦法，自己找資源來逐步完成。我們幸運地做對許多決定，也不斷在錯誤中嘗試與學習。過程中有太多太多，對工作、對計畫，不堪負荷所產生的壓力及負面情緒，回憶過程中夥伴們淚水與汗水交織的畫面，次數已多到數不清。我們實踐「體驗教育」的精髓「做中學」（Learning by doing），築夢踏實一步步完成這個計畫！這讓我想起《大山之歌》的一句話：「某天當你面臨一個天大的挑戰時，不要退縮，嘗試把這個挑戰分成一連串較小又可以完成的挑戰，然後一步一步去完成」。這就是化整為零的威力，所有的偉大往往都是建立在這樣的基礎上，我深刻體會這是要成就一件工作所必須具備的心理素質。

我對此行的期待是：

與異地不同的人、事、物，有更多深入的接觸。

在登山及服務學習的過程中，有更多體驗與感受！

暫時拋開工作的束縛，我期待每天都能有一些領悟，也都能有時間獨處反思。

我打算把鬍子留長，盡可能留長！這是改變造型的小小願望，也是職場生涯難得的機會，下一次或許就是退休以後了。

我祈禱出國期間家人平安、周遭的人平安。

除了登頂之外，我能學到更多。

當然我也期待登頂。

真正的英雄

帶著大家的愛心及祝福，今日我們出發前往非洲，預定從桃園機場飛往香港，再由香港轉機前往肯亞首都奈洛比（Nairobi）。

研究所同學芳裕一早突然出現在機場，令人驚喜！為我們吉力馬札羅團隊的夥伴送行。他陪著我們一直到登機時才離開，臨走前還塞三百美元給我：「我一直很佩服

在機場與安檢美眉合影

你們的決心及毅力，很遺憾沒能跟你們同行，這趟非洲行也不知道要送你們什麼，這三百美元代表我的一點心意及祝福。」我剎時無言以對。後來我接受這三百美元，但也堅持拿出九千元台幣給他，算是跟他換這筆錢。我們不能平白無故接受這筆錢，不過這樣的情義我會永遠記得。

我利用空檔時間跟芳裕閒聊，原來他當初也有過要參加非洲計畫的夢想，後來因爲選課衝堂而做了取捨，眞是可惜！否則我們將有更多相處的機會，今天讓我重新認識他。老婆也一直在機場陪著我們，幫大家不少忙，一直以來她總是默默無聲成全我的夢想。想到即將離開老婆及兩個寶貝女兒超過三個禮拜，心中萬分不捨，這是印象中婚後離家最久的一次，無法陪伴家人是計畫期間一直存在的矛盾，往好處想，這大概是最後的廿二天了，回來後生活將歸於正常。

途中，機長突然宣佈在泰國曼谷停留一小時！這時我才會意在香港辦理轉機時，看到一些特別的臉孔跟我們搭同班飛機，雖然皮膚黑，感覺上不像是非洲黑人，當時令我納悶！這時才恍然大悟這些人原來是外勞，要回自己的泰國老家！而航空公司清潔人員也利用這段空檔清理座位換枕套，我們被要求必須留在飛機上，連下飛機走動一下都不能。由於未事先告知有這一段等待，感覺好漫長的一小時，令人有點不舒服。

我擔心這次旅行在飛機上無聊，於是帶了幾本書，其中一本書名是《三杯茶》。《三杯茶》是衆人推薦的一本好書，本來是小謀老師規定選讀，卻一直到現在才有時間看。書中描述一支登山隊要挑戰攀登世界第二高峰K2峰，隊中有來自美國、英國、愛爾蘭及法國的登山者等十名登山好手。其中一段情節述說一位登山家凡恩，因爲在過程中走得太快，沒有做好高度適應，在接近登頂時有了嚴重的高山反應，最後引發肺水腫及腦水腫，並數度陷入昏迷，情況相當危急。後來另外兩位同行登山家普瑞特和馬紹爾，在最後一刻決定放棄登頂，輪流攙扶凡恩下撤，因此救了他一命。

在那樣高海拔地區要帶著一個壯漢下山是一件極其困難的事，書中形容「好像身上綁著一大袋馬鈴薯，然後吊在繩索上。」他們千辛萬苦終於回到了基地營，其他的登山隊知道他們的英勇事蹟，給他們英雄式的迎接，並準備一頓豐富的大餐歡迎他們。不過兩人卻完全沒辦法享用，甚至連廁所都沒力氣上，便一股腦栽進睡袋中。他們簡直累壞了，遠遠超過體力所能負荷的極限。後來書中形容說：「普瑞特和馬紹爾是眞正的英雄，他們放棄攻頂，只爲救凡恩下山！」我當下有了些想法。

登頂固然是每個登山者渴望的目標，當山頂近在呎尺，而你的同行者發生高山症或意外，情況危急必須立即下撤，你會如何處理？此時若你執意完成登頂，你的夥伴極可能因此喪命；但如果你選擇幫助他下撤，便無法完成登頂目標。我必須承認這實在是個進退維谷的難題，當然現在我們可以嚴肅地說「人命關天」，但那一刻你所顯露出的「人性」只有自己曉得和天曉得。有人說登山是一個充分展現「眞實人性」的機會，從你如何對待自己和夥伴，即可顯露無遺。

登頂符合衆人期待，是注目的焦點。但過程中難免有意外。爲了救人而放棄登頂，是個艱難卻令人由衷佩服的取捨，也是團隊應該建立的價值觀。但前提是你的幫助是具有「實質意義」，必須是那種「千鈞一髮」、「非君不能」的情況。如果只是那種陪在旁邊，多一個不多，少一個不少的陪襯，然後每個人都以爲你爲了夥伴放棄登頂，其實只是「自己也累了」的藉口！那麼，我寧願選擇繼續登頂。

如果登頂成功者是「英雄」，及時救人則更有意義，那才是「眞正的英雄」。假設換成我有狀況，同樣希望別人伸出援手，而不是棄我於不顧。雖然登頂將名留青史，救人可能船過水無痕，不存在任何紀錄，卻是義無反顧的事。很慶幸我能及時瞭解「英雄」跟「眞正的英雄」之間的差距，我自我期許當一個「眞正的英雄」。但「英雄的誕生」意謂「意外的發生」，沒人樂見這樣的狀況，畢竟還是不要發生的好。

在飛機上我休息數回合，其實也不太睡得著。大部分時間除了翻翻書就是記錄一些感覺。待在飛機上已超過十小時，航機資訊螢幕上也顯示距離奈洛比大約只剩三小時左右。經過國際換日線，所以天空依然黑漆漆一片，我吃了兩頓「晚餐」，經過了兩個「晚上」。記得那時睡到半夜，被慧香叫起來吃晚餐。印象中不是才剛吃過晚餐嗎？迷迷糊糊的睜開雙眼，直覺地問：「又要吃了啊？現在是吃哪一餐？」慧香看著我充滿疑惑的表情，忍不住笑了出來，我自己回想起來也覺得好笑。用完餐後繼續翻著我的《三杯茶》，看到一句話：

「天空越暗的時候，你越看得到星辰。」波斯俗諺。

這是在敘說人性嗎？眞妙的比喻！

炎熱不見得是非洲的代名詞

我們抵達奈洛比機場，下了飛機，感覺沒有預期炎熱，因爲奈洛比地處海拔一六八〇公尺，年均溫約二十度，氣候十分涼爽宜人，所以「奈洛比」一詞在史瓦希里語是「cold water，冰涼的水」之意，顛覆一般人對非洲炎熱的刻板印象。

出關時我首次領教到肯亞人的「慢條斯理」。我們班機雖然比預定時間早一個小時抵達，出關卻足足花了兩個小時。看著肯亞入出境官員悠哉地檢查旅客的護照，卻對於旅客的大排長龍視若無睹，相對這種情形如果在國內，肯定被旅客罵翻了。

我們完成手續出境時是七時三十分，嚮導查爾斯（Charles）在外等候多時。我們從機場出發，前往旅館。由於剛好是尖峰時間，查爾斯預告將會有點塞車。我們走的是肯亞的高速公路（Freeway），我看到高速公路竟然有小販可以穿梭車陣中來賣東西，而且聽說都是合法領有正式販賣執照。舉凡車子用的、人吃的、各種日用品應有盡有，令人稱奇！

但這條高速公路的速度就名不符實了，短短二十分鐘車程，我們花了超過兩小時才走完！原來查爾斯所謂的「有點塞車」，跟我們的認知有些差距。據說這條路是從機場離開的必經之路，所以塞車狀況對當地人而言司空見慣了。長遠來說硬體不足情形對經濟發展相當不利，讓我體會到一個國家要強盛，基礎設施一定要完善，而且不管再怎麼貧窮都必須咬緊牙根做！如同經國先生說過的一句名言：「今天不做，明天一定會後悔！」這是國家領導人必須具備的遠見。

到了旅館已是中午！導遊跟大家做了半小時簡報後，我們入住的旅館名為舒服旅館（Nairobi Comfort Hotel）。不是「五星級」，而是「有省錢」（台語），沒有冷氣，但還算乾淨。我們的四人房有一大片的落地窗，往窗外看去，有很多黑人悠閒在街

學生團跟休閒團在旅館外的合照

上走著、站著，好像都不用工作似的。下午兩點鐘，我們享用肯亞第一頓午餐，是旅館餐廳裡的自助餐，白飯加馬鈴薯、燉肉及蔬菜，配上一些烤餅，口味還不賴。尤其是它們的烤餅很有嚼勁，沾上由馬鈴薯泥混合成的肉汁，令人回味無窮。原本我擔心無法適應非洲當地的食物，不過從肯亞的第一餐來看，算是多慮了。

此行小謀老師另外組一個團隊跟我們一起去非洲，他們純粹攀登吉力馬札羅火山及觀賞野生動物。成員中包括有體大的葉怡矜老師（小葉老師）、李彩雲助教（彩雲）、體育老師賴美芬（美芬）、職能治療師張馨之（馨之），指導員班哲明及東華大學學生王綱、還有小謀老師的教友李淑珍（淑珍）及吳浩恩（浩恩）等，我們稱它爲休閒團。雖名爲休閒團，來頭可都不馬虎。就我所知，小葉老師和彩雲助教在行前每天下午環校跑步五公里來增加體能，而有的人本身就有體育專長，有的人平常也有運動習慣，總之，大家對此行皆興致勃勃。

第一晚很悠閒，主要是整理裝備。我們將所

Don't Even Think of Smoking
Around Here
↑肯亞的禁煙標誌

SAFE LANDING
PROTECT YOURSELF
→肯亞的愛滋病防治廣告

有裝備陳列，服務學習裝備不需帶上山的部分，我們先整理出來寄放在肯亞的旅行社，並將公共裝備及個人裝備分類以便攜行，所以還有時間觀賞肯亞的電視節目。

打開電視，電視中的史瓦希里話（Swahili），我是一句也聽不懂。由於正好過幾天就是二〇〇八北京奧運，所以各台有一些介紹比賽的歷史重播或評論，好不容易找到英文的體育台，卻怎麼看都是一些黑人面孔。原來田徑場上中長距離是肯亞選手的強項，很多傑出的長跑選手都是耳熟能詳的大人物，地位如同民族英雄一般。其實台灣也一樣，常見選手有好表現，電視台就會一直不停放送，轉播節目也以拿手項目跆拳、棒球的「精采片段」爲主。其實一個國家選擇本身運動強項來轉播，振奮人心，本來就無可厚非，也有助提昇收視率。可見種族及膚色雖然不同，國家主義的思維卻是放諸四海皆準。只是爲了滿足更多觀眾的權益，台灣在轉播運動項目應該更爲全面，而不光只爲「振奮人心」而已。

虛驚一場！

在奈洛比的舒服旅館（Nairobi Comfort Hotel）住了一晚，雖然燈光不夠亮，熱水不熱，冷氣不冷。不對，是根本沒冷氣！不過比起山上的環境我們還埋怨什麼呢？一向自豪適應力良好的我尚可接受。我特別注意到，肯亞的大樹上停滿不知名的大鳥，體積比台灣的白鷺鷥大上一倍，仔細一看還眞多，聽說在肯亞隨處可見，我不知其名，姑且稱它爲「肯亞麻雀」，因它在肯亞就如麻雀一般隨處可見。我想它大概不怎麼好吃，沒有了天敵（人類），所以繁殖迅速。

約上午十時，我們出發前往坦尚尼亞的阿路夏（Arusha），今天的目的地是莫西（Moshi），我們預定在那裡停留一晚，才開始往山上走。我們經過那曼加（Namanga），那是肯亞及坦尚尼亞的邊

境交界處，戒備森嚴，我們必須在那裡辦落地簽進入坦尚尼亞。通過邊境時有許多販售手工藝品的小販聚集，我好奇趨前拿了一把項鍊（約二十來條）問價錢。

小販起初開價二十美元，我隨口還價十美元，居然成交了！那時我皮包只有百元美元大鈔，我猶豫一下，還是拿出來讓他找錢。他們眼睛一亮！突然所有的小販都圍過來，爭相拿手中的飾品要我買！一時間我的兩隻手全都掛滿項鍊及手環！他們以爲把東西掛在我的手上我就一定會買，所以先掛先贏，一群人誰也不讓誰非常恐怖，七嘴八舌我也聽不懂他們講什麼，總之就是半強迫式的推銷。最後我實在無法招架，連錢都沒法給，也不知要給誰，只好被迫放棄。可是他們仍然不肯罷手，我一面走一面擋，直到我越過肯亞邊境線進入坦尚尼亞，他們被限制不能越境才放過我。後來我發現口袋的拉鍊不知何時被拉開，想必是有人趁亂要當第三隻手，才驚覺剛剛那一幕莫非是他們慣用的伎倆，故意製造的混亂，所幸沒有任何損失，眞是虛驚一場！

進入坦尚尼亞境內的路上，一望無際的草原，我看見有許多非洲族群部落在放牧牛羊，聽嚮導說非洲有三百個以上的族群，而且非洲大草原上什麼野生動物都有。但放眼望去，只看到遠處幾隻斑馬低著頭吃草，還沒看到其他野生動物。團

隊間突然有人發現一隻羚羊，在距離不到十公尺的地方活蹦亂跳，模樣十分可愛，引起車上一陣騷動！在台灣我們習慣在動物園才能看到動物，如今有野生動物活生生出現眼前，新鮮感十足，非洲人可就見怪不怪了。

草原上看到許多不同建築特色的房子，唯一的共通點就是都很「簡陋」，感覺就是遮風避雨的地方而已。有時一、兩間孤伶伶座落在草原，有時十幾間群居在一起。那裡的非洲人常坐在房屋外看著我們經過，我們互相好奇地對望。這些草原上的非洲人的娛樂活動應該很少吧，沒有電視，也沒有電動，所以看觀光客偶而路過，也算是一件新鮮事。

「無所事事」似乎是非洲人的傳統休閒方式，我總是看到三三兩兩的非洲人坐在屋外或巷口，什麼事都不做。其中有一個族群很特別，總是包著一塊布，看起來像桌巾。問了查爾斯才知道他們是馬賽族（Maasai），他們的族群人口雖然不到非洲的五％，卻是非洲最著名的族群，以驍勇善戰的勇士及獨特的生活風格著稱。馬賽

人至今仍維持其種族的獨特標幟及傳統生活形態，多聚集在肯亞及坦尚尼亞的邊境。聽說大部分的馬賽族人都很友善，不過在途中我們卻遇到馬賽人敲我們竹槓。由於路途遙遠，有一次當我們把遊覽車停在路邊小解，突然衝出兩個人拿著長矛，比手畫腳。才知道原來那是他們的地方，我們就地方便，他們要索取「清潔費」。感覺有點莫名其妙，最後被查爾斯轟了回去！

莫西鎮是一個離阿路夏鎮約一個半小時車程的小鎮，距離較接近吉力馬札羅火山，這兩個小鎮同樣是因爲吉力馬札羅火山和觀賞野生動物（Safari）等活動而繁榮。今天晚上住的旅館讓我印象深刻，旅館主人雖親切，設施卻比肯亞的舒服旅館還糟，連熱水都沒有，房間是一張小雙人床，今晚兩個大男人得委屈擠在一張床上。不過這應該算是往後一星期僅有的「旅館日」，再來都是「帳篷日」。從明天起將體驗連續一星期沒水洗澡也沒空洗澡的日子，今天可得要好好珍惜，所以我打算多洗兩次澡，好好補償一下自己的肉體。

由於明天就要上山，今晚大家對於攀登吉力馬札

羅火山的行程路線、策略、記錄、行進順序、LOD均做了最後討論及分工。明天我們預定直接上升至海拔三一〇〇公尺的Machame camp，大家都很認眞地討論，讓原本輕鬆的我，也逐漸緊張起來。

第十章 CHAPTER 10

我們喝的是威士忌

吉力馬札羅火山全山東西長約六十公里，南北四十公里，火山口直徑二公里，是一座沉睡中的火山，爲世界第二大火山口。由七座主要的山峰所組成，位於KIBO峰上的Uhuru Peak海拔五八九五公尺爲最高峰。資料顯示，吉力馬札羅在當地語原意是燦爛發光之山，當地的渣卡族(Crater)人視此山爲聖山，神聖不可侵犯。吉力馬札羅火山座落於生態最豐富的赤道非洲上，完美的火山三角錐從熱帶雨林一路挺拔至海拔五八九五公尺高的極地冰河地帶，貫穿熱帶、亞熱帶、溫帶、寒帶到極地五大生態系統。從海拔一千多公尺的非洲平原上拔地而起，直上峰頂，將近五千公尺的落差成爲世界落差最大的獨立火山，從登山口攝氏廿五度到峰頂零下二十度，快速體驗從赤道溫帶、熱帶、寒帶到極寒帶等不同溫度變化，每年吸引約一萬五千名登山客慕名前往攀登。

吉力馬札羅火山最讓人津津熱道的乃是山頂終年積雪的冰帽，著名電影《雪山盟》即是以此爲背景。但近年來由於溫室效應，冰帽已日漸縮小，甚至有科學家預估山頂千年冰雪將於二〇一五年消失。地球暖化現象越來越嚴重，以前的人光靠一台電風扇就能度過整個夏天，現在卻只能躲在室內吹冷氣，哪裡也不能去。其實每個人都能爲此事盡一份心，例如：少開車多搭乘大

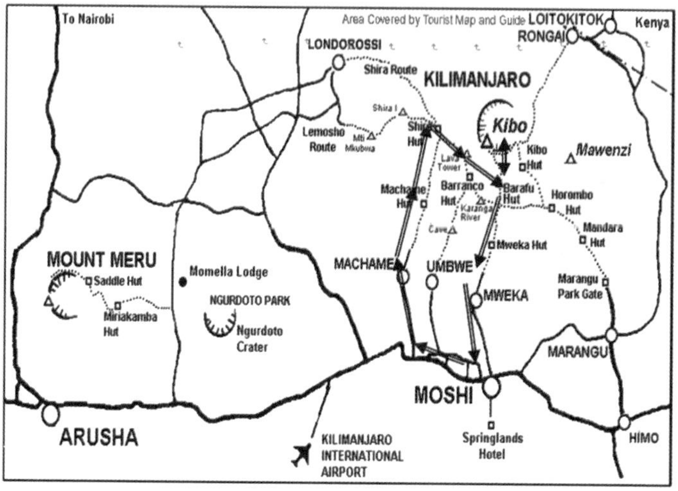

圖為攀登吉力馬札羅山路線圖，「黑色雙線箭頭」為我們的預定攀登路線
（資料來源：www.ewpnet.com）

衆運輸、少用冷氣多吹自然風、少吃肉多吃青菜、減少濫墾濫伐、多用再生紙，都可以有效減緩地球的暖化現象。

攀登吉力馬札羅火山主要路線有六條，有適合一般大衆的Marangu route，全程都有山屋可住，且都是緩坡上升，因此俗稱爲「可口可樂」路線（Coke cola route）；也有極爲艱困的冰河攀登路線，其中景色最豐富的就是Machame route。全程高度起伏較大，而且只有帳篷可住。相較於可口可樂路線，Machame route則被稱爲威士忌路線（Whiskey route）。可樂人人可飲，而威士忌口感強烈，可見其難度差異。而我們選擇的就是Machame route，除了難度較高，豐富的景色也是我們選擇它的主要原因。

今天預計從旅館出發前往登山口（Machame gate，一八三〇公尺），步行至

Machame camp（三一〇〇公尺）紮營，距離十八公里，上升一二七〇公尺，路程爲六至七個小時。我們吃完早餐後，查爾斯答應帶我們去莫西鎮的傳統市集逛逛，讓我們很興奮。到國外旅行有機會參觀傳統市集，更可以貼近當地文化，是一個難得的機會。雖然只有一小時的空檔時間，我們自然沒有錯過。

當地導遊帶我們進入當地的市場，感覺有點簡陋，有台灣早期傳統市場的影子，一樣人聲鼎沸，只是攤販全換成黑人臉孔。由於市場上難得出現東方面孔，大家都好奇盯著我們，一開始有些不自在，後來就不以爲意了。雖然我們只是隨處逛逛，不打算買任何東西，還是有很多小販熱情向我們打招呼，到處可聽到「強波」（Jambo，哈囉）及「卡布里」（Kaburi，歡迎），我們漸漸地就習慣了，一路上就在市場裡互相「強波」來「卡布里」去。其中有一群人卻一直盯著我們看，看來不像攤販卻什麼事也不做站在路旁，眼神不太友善，我猜大概是當地的小混混吧！當奕良拿相機拍照時還一度口頭阻止我們。莫西鎮的傳統菜市場雖然小，但五臟俱

。

全，我見到最多的是蕃茄、紅蘿蔔及馬鈴薯，也是當地人的主食。特別一提是我看到他們賣的食用油是以廢棄的寶特瓶來裝瓶，感覺滿克難的。但對他們而言，能用能吃才是重點，至於品管，似乎就不在考慮範圍。

今天，我再次領教非洲人緩慢的步調。原本約好十點鐘查爾斯要來接我們，但我們等到十一點車子才到旅館，十一點半才從莫西鎮出發。到了吉力馬札羅國家公園，我們又枯等了好久。記得下午兩點我們才吃中餐，然後才從登山口開始行進，非洲人似乎不懂什麼是時間管理？這意味我們無可避免地要摸黑前進了。

攀登吉力馬札羅火山，一路往上你會看到截然不同的景觀。從熱帶雨林地帶、石南荒野地帶、高山沙漠地帶，一直到極寒峰頂地帶，都各自有不同的景觀生態及動植物，這是吉力馬札羅火山的一大特色。今天我們一開始先進入熱帶雨林區，景色跟台灣的山岳非常類似，讓人充滿親切感。

途中，我和另外一位隨行嚮導艾瑪邊走邊聊，我向他請教很多史瓦希里問候語，入境隨俗惡補幾句。艾瑪很有才華，會畫畫，也懂音樂。

途中他心血來潮，拿了一張他跟歐洲人的登頂合照給我看，這是一位來挑戰吉力馬札羅火山的德國人，這位德國人在登頂時哭了，我笑了笑沒說話。我心裡想記憶中好久沒掉眼淚了，聽老媽說我小時候淚腺滿發達，長大後不可能像小孩一耍脾氣就哭，而隨著年紀增長，生活中越來越少新鮮事。不過登上非洲第一高峰必定是個令人感動的時刻，如果有機會登頂我會哭嗎？很多人在登頂時都不自禁掉眼淚，看

團隊在熱帶雨林地區合照留念

來也不算是太丟臉的事，順其自然吧！

果然，我們到Machame camp的時候已經晚上八點了，挑夫腳程很快，已經早一步幫我們搭好帳篷。由於營地起霧，視線不佳，我們花了些時間分配帳篷。第一次在炊事帳篷內享用晚餐，餐後大家在帳篷聊天，待久一點。出了帳篷我看到挑夫們東倒西歪隨地躺著，在樹底下或是地上都有。外頭的天氣很冷，我很納悶他們為何不回帳篷呢？後來我才瞭解我們用餐的炊事帳就是他們晚上要住的帳篷，他們等待我們用完餐才能進去休息，顯然他們是沒有多餘的帳篷，一時間讓我覺得很難爲情。

他們在這樣惡劣環境下工作，每天日薪聽說不到五美元，但跟許多非洲人相比，已經是不算差的待遇了。這時我想起今天在登山途中，我們看到一個落隊的挑夫，不舒服癱坐在路旁。原來這是他第一次當挑夫，臨時發生高山反應又沒帶水上山，所以情形加倍嚴重。我驚訝他們竟然連這種基本登山知識都不瞭解，就來從事這項工作。和其相比，我們的條件及

注意事項—
任何事若有注意事項，就是一種提醒，它會讓你在安全情況下完成事情。別視而不見，別太自以為是，它有它存在的道理。

嚮導艾瑪與我

資訊眞是太優渥了。

晚餐後，我不假思索往帳篷內移動，迅速躺平，倒頭就睡。半夜時似乎是丹木斯發揮效用，我有了強烈的尿意！外頭雖然很冷還是得硬著頭皮爬起來小解，我睡眼惺忪往帳篷外走，腳步都不太穩。回來時竟然找不到自己的帳篷，我越找越慌，一度懷疑是鬼打牆！還不斷提醒自己一定要冷靜，最後多花了好幾分鐘才找到帳篷，現在回想起來自己都覺得好笑。

一個真正的團隊

今天我們預定從Machame camp（三一〇〇公尺），前往Shira camp（三八四〇公尺），距離九公里，上升高度七四〇公尺，約四至五小時路程，算是輕鬆的一天。

我們九時從Machame camp出發，沿途盡是濕滑陡坡。今天有幾位夥伴出現狀況，慧香有腹痛現象；而雅期的小腿傷口未見好轉，持續發炎並呈現腫脹，必須密切觀察；瑞芬有輕微頭痛症狀，吃了顆普拿疼。生理上的不舒服在山上屬於正常現象，我們在行前花了一萬多塊，買了許多常備藥及登山用藥，有備而無患，此時也派上用場，希望夥伴們都會逐漸好轉。

通常在營地的不遠處，你會看到一間由木板釘製而成的小木屋，八成就是山上的廁所了。廁所只有不到一、五平方公尺的面積，地板只有一個小小的洞。洞實在很小，大約長二十公分、寬十五公分，如廁時你必須小心翼翼才能準確進「洞」，如果你不夠準，在你後面的人就倒大楣了。以機率的觀點來看總會有人不準，所以廁所裡的味道往往令人不敢恭維。更慘的是，如果平常有蹲廁所習慣，上廁所都要醞釀個半小時以上的人，那就是個嚴峻的挑戰。此時我開始懷念起台灣山屋的廁所，所幸雖然廁所只有一個，卻看不到有人大排長龍的景象，顯示出廁所的味道導致「高流動率」。另外，令我納悶的是，不管廁所的窟窿容量有多大終究還是會滿，難道要大費周章地再蓋一間小木屋嗎？隔天恰好看到挑夫在廁所旁挖掘另一個窟隆，並把原本的小木屋架上去，再把舊窟隆掩埋，這時我才恍然大悟。

今天開會，有夥伴觀察到大家的心態有點隨性，恐怕不足以應付登頂。在登山過

程有時相當枯燥乏味，如果能保持輕鬆氣氛是件好事。冠璋老師也提醒一點：依他昨天的觀察，營造歡樂的氣氛固然很好。也要隨時注意其他夥伴的狀況，尤其是較沈默的夥伴，也必須適時注意與關心。他提示有關「冒險行動守則」（Expedition behavior）的觀念，在冒險活動中團隊間互相鼓勵、互相分享是相當重要的。我也想起曾經看到的一段話，節錄如下：

A good expedition team is like a powerful, well-oiled, finely tuned marriage. Members cook meals together, carry burdens together, face challenges together and finally go to bed together.~Howard Tomb.

一般的登山隊伍的目標可能單純就是登頂，但一個眞正的團隊，必須是彼此瞭解、互相信任及擁有共同的目標，如此關係並非一蹴可幾，必須經過時間的醞釀才能成就。我們的關係讓彼此從學習中培養默契，互相願意眞誠的付出與託付，這也是我們最大的優勢。我們或許無法成爲最強的團隊，卻能成爲一個「眞正的團隊」。一個人獨行或許腳程會比較快，但缺乏彼此的支持與鼓勵，可能也走不了多遠，過程中也會少了很多精彩。

中午時分，用完挑夫準備的非洲便當，休息三十分鐘後出發。過了不久，我們看到吉力馬札羅山，清楚的出現在遠方山頭！此時的展望超佳，但過了不久，它又被雲層給蓋住了，若隱若現。

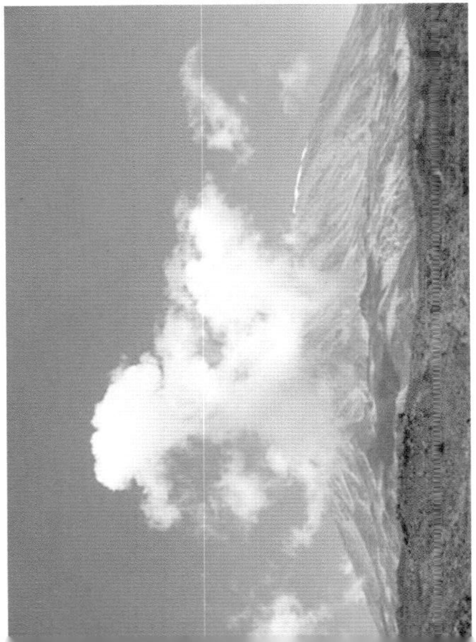

沿途不曉得是哪位夥伴不停排放瓦斯，我跟在後面吃了很多苦頭，頻頻憋氣，害我整個呼吸都亂掉啦！但為了團隊的和諧大局，我只好隱忍⋯。有些人腸胃較不好，不習慣異國飲食，但心裡希望這位仁兄（仁姊）能發揮公德心，或是可以自願當殿後，因為這也算是造成「全球暖化」的原因之一。

我一逮到機會就找嚮導聊天，他們的肯亞腔英文我時常有聽沒有懂，但「多聽多說」才是王道。以前怯於開口，一遇到外國人就自動閃得遠遠的，英文似乎只是應付考試的工具而已。後來體認到英文不開口等於沒用，畢竟年紀漸大，記憶力逐漸衰退，英文程度頂多在原地踏步，膽量可不能輸別人。瑞芬在一次聊天當中，還稱讚我英文很好，哈哈，天曉得！希望到時候進步最多的是「英文」，而不只是「膽量」。

此外，我今天多了一個非洲名字－Kamau，是嚮導喬伊幫我取的，後來嚮導們都親切地那樣叫我！喬伊說在非洲這是一個大名字（big name），我想就是台語所謂「菜市場名」的意思。我也不知道他們有沒有糊弄我？不過也無所謂了！後來每個夥伴都得到一個非洲名字，大家是越來越融入了。

一個真正的團隊，必須是彼此瞭解、互相信任及擁有共同的目標，這樣的關係並非一蹴可幾，必須靠「時間」的醞釀才能成就。

我們或許無法成為最強的團隊，卻能成為一個真正的團隊。

第十一章 CHAPTER 11

我差點被頭痛KO了

今日我們從Shira camp（三八四〇公尺）出發，經由著名的Lava Tower（四六三〇公尺），進行高度適應後，再一路下降至目的地Barranco camp（三八六〇公尺），距離為十八公里，路程約七到八小時，故今天的海拔高度只上升二十公尺而已。從主峰頂垂直落下Barranco，垂直落差超過一千五百米，加上垂懸冰河、冰瀑與超大岩壁，是此條路線最震撼的景觀之一。但嚮導說往Lava Tower的路上之前有人發生意外，有一個美國人被落石擊中死亡，相當危險。所以為了安全考量，他們建議我們不要上Lava Tower，可直走橫切至Barranco camp，也節省一些時間，約六至七個小時就可抵達Barranco camp。

途中，當奕良看著手錶宣布說我們已經突破四千公尺時，超過台灣第一高峰玉山三九五二公尺的高度時，大夥一陣歡呼！這是大家的記錄。從現在開始跨出的每一步，對我們來說都是記錄。

今天輪到我當LOD，我的老毛病又犯了！總會下意識要求大家

當手錶顯示海拔高度「4015」時，我們已超越台灣任何一座大山。此刻對我們而言，每一步往上都是記錄！這是多麼令人感動的時刻啊！生活中也試著鼓勵自己創造自己的紀錄吧！

「準時」及「效率」，這應該是一種職業病吧。原本早上約定八時三十分集合時，眼見時間將近，大家卻都還在東摸西摸。後來我催促三、四次，還是沒能準備好出發，我開始有點不悅！這似乎又回到國內的情境，「No punishment，No time management」，令人傷腦筋！

昨天會議時，我突發奇想提出臨時動議。我故意正經說：「有鑒於目前國內研究生英文水準參差不齊，爲挽救國內學子之英文程度，所以建議從今天起實行「英語日」運動，No Chinese，only English…。」這對團隊每個人而言，都是一個新鮮的挑戰。當然也發生一些趣事。當我們遇到一群外國白人擦肩而過時，我們的「公關組長」少康先禮貌性寒暄：

「Good morning！」少康說。

「Good morning！」白人說。

「Where are you from？」少康說。

「No way！」白人說。

「No way？？？」少康說。

「Yes」白人說。

少康臉上三條線，疑惑這群外國人怎麼那麼神秘，居然連哪裡來也不肯說？心裡一堆○○ＸＸ，搞了半天原來這群人是挪威人（Norway），弄清楚後大家笑成一團！同時也留下一張合照。看少

擦肩而過的挪威人

康笑得多麼尷尬！

此外，我們也產生一些溝通不良的情形，像是有些比較深入性的討論或細節，要完全用英文溝通不是一件容易的事，知道不見得會表達，有聽也不見得會懂。所幸大家反應都不賴，Foreign language加上Body language，問題不算太大。一天下來，大家說話的量，跟平常並沒有相差太多，出乎我意料之外，我原本以爲今天會常常見到「此時無聲勝有聲」的情形。顯示出英文程度雖然「參差不齊」，但大家勇氣都不小，心態上也都不服輸，願意脫離個人的舒適區，踏出成功的第一步。嚮導查爾斯一直在旁邊觀察我們，當然他舉雙手贊成用英語溝通，因爲他才聽得懂，當我提到有關「時間管理」的概念時，我特別注意到他的表情，他頻頻點頭表示認同，我很高興他「聽到」了，更希望他也能做到。

害羞的瑞芬也開口了，我瞥見她開始和最年輕的嚮導大衛聊天，相談甚歡。她拿出記事本和筆，不能溝通就用寫的。雖然大衛臉上常常出現疑惑的表情，但兩個人還是笑得很開心，可見「微笑」是世界共同語言，我在一旁也很開心。總之，一切都往正確的方向進行。

今天沿途的風景都很特別，各擁千秋。我們又看到傳說中的吉力馬札羅之雪，矗立在眼前，這就是我們努力一個學期的精神指標，在國內雖然已經瀏覽太多它的照片，但如今望著它，心中仍是充滿感動！

昨天我開始有輕微頭痛，今天仍然持續著，卻似乎更嚴重了，逼得我非得完全躺下來休息片刻不可。這算是我有生以來所遇過最嚴重的高山反應，頭痛欲裂、全身發熱！感覺實在很不舒服，但這些症狀卻一直如影隨形跟著你，絲毫不見好轉。我心中閃過幾個不祥的預兆，我爬了不該爬的山嗎？爲什麼有高山症的人是我？我會得到腦水腫或肺水腫嗎？我該認輸嗎？我曾輕鬆告訴家人吉力馬札羅沒想像中難，萬一發生意外怎麼辦？我越想心中越不安，一堆負面情緒在心中盤旋。後來我發現繼續胡思亂想下去，身體還沒垮，心理上就已經棄械投降

吉力馬札羅沿途特殊景象

在攀登途中，享用中餐

了。我開始思考萬一我必須下撤，還能爲團隊盡些心力嗎？但昏昏沈沈的我，沒有任何答案。

晚上開會，我將「時間管理」的問題再次提出，出現許多雜音。有人認爲我太嚴肅看待此事，難得出國應該隨性一點，不需太在意！卻有人也跟我持相同的看法。如果有人依原訂時間集合，卻苦苦等待其他隊友，對於守時的人而言，情何以堪？因爲少數人的拖延而延誤行程，後果卻要大家來揹，這並不合理，老師默默在旁沒有介入我們的爭論。意見沒有對錯，八個人中每個人都有自己的優先考量，但此時顯然感性凌駕理性之上，要如何取得折衷點，對掌控時間的ＬＯＤ而言，眞是一項挑戰。最後我請大家還是以「同理心」考量，希望大家盡力配合，集合時間可以討論，但決定後的集合時間就應遵守，畢竟守時是放諸四海皆準的原則。

有夥伴突然關心我的身體狀況，希望我不要逞強。我回答道：「我也不知道是否能繼續下去，如果不行，我希望能爲大家做點事，如果大家覺得有什麼我可以爲大家服務的地方，請告訴我……。」說完我的眼淚就不聽話地流下來，有幾位夥伴也跟著紅了眼眶。慧香立即安慰我說：「我可以留下來陪你，反正我也不一定上得去……。」連我自己都不知道我爲什麼會哭？雖然我自認爲對於登頂與否，在心態上已調適好，到這個節骨眼我仍不自禁留下眼淚。似乎說明著，在我的潛意識仍然無法完全擺脫對登頂之慾望，這是人性吧？對於「世俗的價值標準」，仍然無法徹底打從心裡不在意。

開會結束後，我服用一顆阿斯匹靈，進帳蓬躺了一會。晚餐後我發現頭痛症狀逐漸消失，眞是謝天謝地，讓我鬆了口氣。今天一樣滿天星斗，天空亮得分明透徹，外

在帳篷裡用餐及討論

頭雖然冷冽，卻美得令人不得不駐足！我和奕良心有靈犀，在帳篷外逗留。一邊閒聊，但大部分的時間都沉默望著天空，不想破壞此刻的寧靜。回到帳篷內，眼見少康還沒睡，我心血來潮問他爲何不服用丹木斯？他跟我說：「他不想借助外力，想以最自然的方式登頂，如果老天爺要讓他登頂，他就不會有高山症，一切隨緣囉！」聽起來似乎也滿有道理！這是我從未思考的面向。但如果沒服用丹木斯，依我那麼容易產生高山反應的體質，恐怕也很難完成此次的任務吧！「Choice，Consequence」，每個人都有權利做選擇，同時也必須對自己的決定負責。

今天實在有夠冷，應該有攝氏零下五、六度吧，讓我們不得不套兩個睡袋窩在帳篷裡，此時突然發覺有帳篷可睡，是一件很幸福的事。半夜我突然有了尿意，這又是丹木斯的副作用。起床後才發現帳篷外都結了一層厚厚的霜，如此氣溫要一個人從溫暖的睡袋中鑽出來小解，眞是痛苦萬分。但我知道在山上補充水分跟排放水份同等重要，只好硬著頭皮出帳篷。這次我特別轉身記牢帳篷的位置，因爲實在是太冷，我可不希望再花時間找帳篷了。

「Choice，Consequence」，每個人都有權利做決定，同時也必須對自己的決定負責。

接二連三的狀況

我們在早餐後離開Barranco camp（三八六〇公尺），經過Karanga hut（三九三〇公尺），目的地是Barrafu camp（四六〇〇公尺），上升高度七四〇公尺，路程約七到八小時。這將是我們生平所處的最高海拔，我們預計在這個高度待一個晚上做適應，隔日準備攻頂。

高海拔環境對人類而言，是個相當大的挑戰。大抵來說每上升一千公尺約下降攝氏六度，可以想見如果海平面攝氏二十度，四千公尺則是零下四度，難怪昨天晚上如此寒冷。對我而言，體能是相對容易克服的部分，最大的挑戰是高海拔適應問題。一向不喜歡吃藥的我，這幾天都乖乖服用丹木斯，我希望把影響登頂因素降到最低。雖然我的頭痛依然持續著，但相較昨天症狀明顯已減輕許多，我直覺應該撐得住，所以心情也跟著輕鬆起來。

我自認是一個懂得自我調適的人，所以當我發生嚴重頭痛，非得躺下休息時，除了一開始的胡思亂想，沒多久情緒便穩定下來。後來我滿腦子都在想：「我還能做些什麼事？」而不是一股腦懊悔遺憾，自己跟自己兜圈子。高山反應對我而言並不算是「意外」，骨子裡雖然也有好強的基因，但此行我已經逐漸建立自己的核心價值。我的核心價值是家庭，這是我生命中最優先順序，重要性凌駕一切之上，雖然我熱愛冒險，卻不戀棧危險。我不願意因勉強挑戰，冒險讓自己暴露在極大的危險中，這並不值得。我希望在各方面都做好準備的前提下接受挑戰，其餘的事就交給上帝吧。

Barranco camp的清晨，眞是冷透了！我開始將保暖層羽毛衣穿起來，也加穿一件保暖褲。冠璋老師說在山上雖然不見得會著涼，但熱量逐漸流失，也算是一種消耗！一定要做好保暖的工作，總之，在山上，食物及水源均有限的狀態下，這些細節絕對要斤斤計較，能夠儲存的任何能量都很寶貴。甚至我在早餐的土司上也塗滿牛油多補充熱量，乾冷的土司配上硬梆梆的奶油，味道實在不敢恭維，甚至有點

噁心。加上奶油的熱量相當高，不過還是得硬著頭皮吃，畢竟食不知味總比失溫好多了。想想這種經驗是山下絕不會發生的事，如今卻不得不為之。

有人會認為，為何要放著在冷氣房的舒服日子不過，大老遠飛到非洲那麼酷熱又酷冷的地方，揹著重裝備連續幾天幾夜的行腳，這樣的行為意義何在？文明的成果讓一切都變得便利及舒適，卻會讓人逐漸失去生存的能力，而山上的體驗會讓你拾回這些本能。人有時得藉由最原始的動物行為，來找回人類最基本的生存能力，並清楚認清自己，提昇自己對生命的認識或是精神層次。所以這樣的「自討苦吃」當然有其價值，卻非每個人都能感受到。

只是回想起早餐的土司仍然覺得噁心，一種讓人不想重來的經驗。

我們今日早晨八時出發，原本預定下午四時左右就可以到達Barrafu camp，但我們硬是拖到下午七時才到。好不容易到了營地，由於連續兩天都是八小時以上的路程加上海拔高度的關係，體力負荷較重，幾個夥伴接連出現狀況。瑞芬的精神有些恍惚，眼神呆滯，回答總是慢半拍；好甄也是一副沒勁的感覺，跟她開玩笑，只從嘴角勉強擠出一絲笑容應付我；雅期的狀況更糟糕，疲累到一抵達營地就趕緊找地方嘔吐，之後馬上鑽到帳篷裡大哭，自言自語說：「我不要玩了，我要回家！」我認識的雅期總是笑口常開，超級樂觀，這樣的情緒反差讓人不捨。

倒是團隊中最年長的慧香，此刻狀況卻好得無以復加，令人不可思議！說明高山反應跟性別、年齡、體能沒有顯著相關。我們用血氧飽合濃度器來測試夥伴的血液含氧量，果然都比平常低得多，有些人甚至逼近危險指數。我們只得持續觀察，此時除了藥物控制及高度適應，別無他法。控制得當是萬幸，但如果狀況持續惡化就必須考慮下撤。這時候其他人也實在幫不上忙，一點辦法也沒有。

晚上開會時提到雅期、瑞芬、妤甄的狀況，還是不見好轉，大家都有程度不一的高山反應，只得持續觀察。開完會後大家迅速就寢，這點是大家共同的默契，因爲明天實在太重要！大家的共同目光都指向在吉力馬札羅山頂，這是大家期待已久的目標—非洲第一高峰，就在明天。

我忘了有多久沒禱告了？此時我卻臨時想起要抱抱「耶穌的腳」，祈禱大家都能及時好轉。

在山上，高山反應其實是種警訊，提醒你必須在原地適應。倘若你以為吃顆頭痛藥就沒事了，而繼續往上，你可能會有大麻煩！所以高山反應好比乾冷的麵包，你不得不重視它的存在。

第十二章 CHAPTER 12

邁向非洲之巔

考量前一天近九點才休息，若勉強按照預定時間凌晨零時出發，會因睡眠不足影響體力更鉅。所以我們在一時三十分起床，在用完一些熱可可及餅乾暖和身體後，二時出發。這個時間比一般登山隊至少晚了兩個小時，但權衡之下只能做出這樣的決定。

摸黑攀登，已不是第一次，我們早已習以爲常。奕良此時拿出「威而剛」給大家服用，本來它是心臟疾病的用藥，後來被發現可以改善性功能而大發利市。在山上，它具有擴張血管的作用，讓血液中增加含氧量來避免高山反應，據說比丹木斯還好用，是此行的秘密武器。由於所費不貲，所以到關鍵時刻才拿出來。說也奇怪，在服用半顆「威而鋼」後，我突然覺得頭痛症狀不減反增！我不確定是否是這顆藍色小藥丸的因素，總之吃完頭就開始痛，幸好頭痛的情形沒持續很久，只是過渡反應，一會就好轉了。或許對我而言，威而剛是不適合在「山上」吃的。

摸黑前進加上睡眠不夠的因素，大家的步履蹣跚，我們在攀登一段陡峭的岩石上坡後，稍事休息。此時約凌晨三點左右，嚮導查爾斯眼見這樣的狀況可能不足以登頂，便下決定將團隊共十九人分成A、B兩隊，希望將腳程相近的夥伴盡量湊在一起，來增加登頂的機率。查爾斯沒強制大家，要自己評估自身狀況做出決定。雖然我的頭痛持續，但因爲比昨天好轉許多，自我感覺良好，便毫不猶豫加入A隊。好甄及雅期恰好站在A隊裡，原本也沒有要離開的意思，顯然是好強個性使然，想順勢加入A隊。這一切冠璋老師都看在眼裡，最後喊了一聲：「你們還待在那裡幹嘛？」，兩人只得識趣的把身軀飄移至B隊。

最後成員底定，A隊分別有少康、筆強、指導員班哲明，休閒團的美芬、馨之、王綱，再加上嚮導艾瑪、約翰、約瑟芬、大衛和我共十一人。這樣的自我選擇大約反應出個性，由A隊的成員組成即可看出。據我所知A隊並非每個人都有把握，也不是每個人狀況都很好，卻不約而同希望更有機會登頂！

令人意外的是，團隊中登山經驗最豐富的奕良，卻選擇留在B隊。依奕良的體能及經驗，讓我很疑惑？後來他說：「他有太多太多登山的經驗，以前他覺得登山的目標就是登頂！登頂目標淩駕一切。每次登頂居高臨下，看著四周景色總覺得成就感十足。隨著一次又一次登頂，他漸漸發覺登頂已經無法帶給他感動，反而讓他有一種空虛的感覺，後來他轉而去發掘登山過程中與人及自然的互動……。」

「但這是非洲第一高峰，我們不都是爲了吉力馬札羅山才來的嗎？只怕難得再有這樣的機會了！」最後奕良只是一笑置之，沒跟我多說什麼。老實說此時我無法眞正體會這種「能夠登頂而不爲之」的心境。他寧願放棄登頂選擇陪伴其他夥伴，這讓我想到《三杯茶》書中馬紹爾跟普瑞爾揹凡恩下山的情節！那是書中情節，我卻親眼目睹了。

摸黑登山對我們而言已算是稀鬆平常，但從海拔高度四六〇〇公尺到五八九五公尺，一路往上，相當陡峭，比想像中難度更高。團隊設定的「安全折返時間」（Turning around time）爲早上十時，時間一到不論身在什麼位置，都要遵守規定折返，這是登山基本的安全守則，但有時候卻難以完全遵守。尤其是當你看到山頂就在眼前，還能平心靜氣選擇折返，這不太容易。很多登山客縱使在氣候、體能條件等客觀情形評估有安全之虞，在當下還是會想要冒險一搏，但這樣的心理往往也導致山難或意外發生。

在登頂途中，我看到有幾個外國人陸續下撤，臉色蒼白，甚至嚴重到需要被嚮導攙扶著一步一步走！嚮導艾瑪用史瓦希里語和陪同下撤的嚮導聊了兩句，艾瑪轉身告訴我那是英國人，後來我接連又看到兩個外國人也被抬下山，表情顯得很痛苦。我開始擔心B隊夥伴的狀況，我請艾瑪用無線電瞭解。傳來的消息是在凌晨三點左右，已有一位休閒團的夥伴因爲狀況不佳而下撤，截至目前爲止，大家都還在努力中。

高山症及非洲高山救護車

「高山症」是因高海拔空氣稀薄致使血中含氧量偏低所引起的疾病。一般而言，高山症可分爲急性高山症（AMS）、高海拔腦水腫（HACE）及高海拔肺水腫（HAPE）。肺水腫跟腦水腫都可能快速導致死亡，但如果及早處理，都可以完全復原。發現急性高山症常可在原高度適應後自動痊癒，但如果情況惡化成肺水腫或腦水腫，就必須立刻下降高度，情況才會獲得明顯改善。左圖爲吉力馬札羅山上的高山救護車，構造簡單而實用，在途中我們親眼看到一名登山客被數名挑夫緊急送下山的畫面。

Machame Route是吉力馬札羅火山景色最豐富的路線，同時也是最難的路線之一。沿途我們看到許多不同層次的景色，偶而駐足欣賞，我不經意往西邊望去，赫然發現壯闊的冰川矗立眼前，令人震撼！由於地球暖化的緣故，這樣的景色極可能在十年內就會消失，眞是可惜。時間壓力不容許我們停留太久，我們維持每半小時休息五分鐘，整點休息十分鐘的策略前進，由於睡眠不足的緣故，每個人都把握短暫的休息閉目養神，直到好不容易撐到日出東方。本來看到「非洲第一高峰的日出」應該和看到「日全蝕」一樣可貴，理當興奮才是，但刺眼的陽光卻讓人感覺更疲憊！從營地到主峰約六小時左右路程，原先預計約八點抵達**Stella point**（五七五六公尺）。由於我們採取團隊行進方式，在行進速度不一的狀況，眼看是到不了。

我瞄了手錶現在是七點，從凌晨兩點到現在我們已經爬了近五小時，我又有「行百里路半九十」的感覺了。在五千公尺以上的海拔高度，含氧量大約只有海平面的一半，空氣愈來愈稀薄，呼吸也愈困難，常常走沒幾步路就喘了！零下十度的低溫，每呼吸一口氣都令人痛苦萬分，我套上頭巾來保暖，卻反而吸不到空氣，保暖和呼吸無法兼顧，這眞是兩難！此時我口乾舌燥，才發現水壺裡的水已經凍成冰塊，幸好嚮導早有提醒，我們早有準備，我將小保溫瓶中的熱水倒入水壺中融化，克難地進行水分補給。隨著高度的升高，連嚮導大衛也有了高山反應，我沿途看他吐了三次，因頭痛不時按摩自己的額頭，對我露出苦笑。

突然間馨之放聲大哭！一直重複說：「我爲什麼要來這裡？我爲什麼要來這裡？」幾近歇斯底里，接著眼淚便一直流不停，因爲體力透支加上睡眠不足實在無法負荷。班哲明見狀馬上過去安撫她。雖然起不了太大作用，卻也無其他更有效的方法，我只能默默地看著這一切。

過了不久，後來美芬也沮喪地搖搖頭說：「我走不下去了，眞的走不下去了⋯我不要走了⋯」經驗豐富的嚮導艾瑪，趨前觀察情況後，注視她的眼睛說：「妳只是累了，我幫助過很多人登頂，我知道妳一定可以！」我也在旁跟著鼓

未曾遭遇過的高海拔環境，睡眠不足、體力不支加上高山反應，讓夥伴們吃足苦頭。

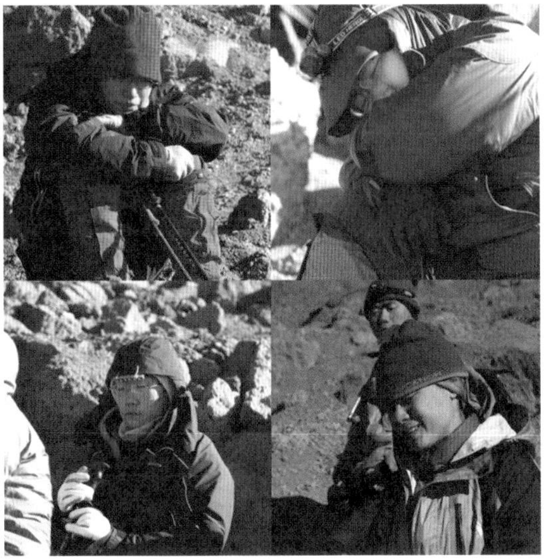

勵她，並將她的背包卸下減輕重量後繼續出發。我轉頭看看殿後的指導員班哲明及王綱，兩人都不自覺地露出痛苦的表情，他們兩個是團隊中體力最好的，顯然一路上照顧他人也影響自身的體力。

從不吃藥的少康，似乎也出現狀況，他突然偷偷靠近對我說：「我好疲倦，感覺胃在抽慉，我懷疑自己可能上不去了⋯」接著便把國旗交給我，要我帶上去。我見他嘴唇蒼白，狀況相當差。少康個性好強，他是第一次自己承認不行，我內心很掙扎，一時面對這種情況也不知道該如何是好？後來我還是接下旗子，隨即拍著他的肩：「就剩最後一段路了，你還是自己把國旗打開吧，我們一起走！」我知道多說無益，只是亦步亦趨地陪著他，而我發覺能做的就只有這些，此時我徹底體會到山上的「無助與無奈」。

而我自己呢？身體方面，零下十幾度的空氣，讓我的汗水還來不及排出體外就已經乾了，我的雙腳也逐漸產生痠痛，感覺體力已消耗殆盡。這是我在多次登山訓練經驗中前所未有的感覺！團隊攀登無法按照自己的節奏，只能跟著前面夥伴的腳步亦步亦趨前進，但等待反而讓我的體力流失更快。我一度想加快我的步伐，卻被班哲明叫了回來！他嚴肅地對我說：「我們是一個團隊，要不就全部一起上去，要不就全部一起下撤，沒有一個人會被例外！」我只能識趣地點點頭，但我發覺走得越

慢、卻越累了！

我企圖掙扎，試著讓自己保持輕鬆，起初我以欣賞風景來轉移注意力，盡可能不要讓心理影響生理。但最後這一切彷彿都失了效！極度的疲累卻讓我連抬起頭都懶，也無餘力再看風景。此時四周一望無際，空蕩蕩的我只聽見自己的心跳聲，噗通噗通跳著，聲音大到讓人恐懼，好像狀況隨時會發生似的。頭垂到眼中也只看到自己的登山鞋，我的步伐變成是一種反射性動作，只是一直蹣跚向前。總感覺好像已經瀕臨極限，無法再承受任何負荷，走不了任何一步，心中又催眠自己不要想太多。那種心理就好像在測試自己的極限，等待自己撐不下去的一刻，但卻又不期待那一刻發生，非常矛盾的感覺。

我努力讓自己保持清醒，專注自己的步伐，告訴自己不要想太多。不知道經歷幾次即將登頂的「期待」落空，一段又一段煎熬掙扎的過程，才赫然發現山頂就在眼前！此刻離峰頂只剩不到兩百公尺。嚮導約翰突然冒出一句：「Never give up or go back！」這句玩笑話卻讓大家笑不出來！可見講笑話的人和聽笑話的人都需要體力。約翰說笑話的時機顯然不太恰當，自討沒趣露出很窘的表情，我則因爲他的表情勉強笑了。

少康最後五十公尺近乎瘋狂似地吶喊，一步

步邁向山頂，最後跪倒在地上。終於我們在二〇〇八年八月七日九時四十分，登上吉力馬札羅火山頂（Stella point，五七五六公尺）。大家歷經生理及心理的極限，過程中有人出現情緒失控的反應！也有人打算放棄，最後仍然登頂成功。

我坐在吉力馬札羅火山頂上一塊平坦的岩石上，此時此刻吉力馬札羅火山就在每個人的腳下，大家都難掩興奮，登頂的感動感染了每個人，大家都紅了眼眶。台灣的生活環境太優渥，現實生活中難得出現這樣的感動。我居高臨下看著四周一望無際的景色，回想起這些日子以來，艱苦的籌備與訓練，登頂目標終於完成。我才剛體會到體力完全枯竭的絕望與掙扎，如今又讓人心情如此愉悅，還有一股解脫的暢快感，一時間各種複雜的情緒湧上心頭。突然一陣鼻酸，我的眼淚奪眶而出，我不算是容易掉淚的人，但在非洲卻變成愛哭鬼了！我趕緊側身，掩面拭去。

少康拿著攝影機要大家面對鏡頭講幾句心裡話，我想到一句話貼切符合現在的心情：「I don't conquer the mountain, but myself.」大自然的環境，你是不可能征服的，你征服的是自己的心和脆弱。在攀登過程中，我看到很多人的極限及脆弱，在平地你不會有這種體驗。惟有脫離舒適圈後，你才能夠看見真正的自己。所以，征服大山只是一種表象，每個人的淚水與感動，皆來自成功征服自己的缺點與脆弱，意志

力決定一切。

你要如何面對大山的考驗？找各種理由及藉口嗎？或是選擇逃避與退縮？若你眞正想要通過考驗，就必須面對考驗，你只要堅持繼續走，一直走，等待自己再也撐不下去的那一刻，接著你再踏出的每一步，都是成功。

然後你就會發現自己不一樣了。

距離最高峰Uhuru Peak還有一、五小時的路程，但因爲安全折返時間的規定，評估後我們並沒有繼續向Uhuru Peak前進。風險管理是冒險教育中很重要的一環，雖然有遺憾卻必須遵守。我期待是否還有隊友可以上來，於是在山頂停留一段時間，我們所有的訓練都在一起啊！這次當然也不能例外。直到十時過後，我知道機會越來越渺茫。同時間我也透過嚮導的無線電，得知其他夥伴由於遵守安全折返時間的規定，已逐漸下撤，夥伴們共同登頂的期待落空了。雖然覺得遺憾，但是「有遺憾才有學習！」坦然接受人生的不完美也是「另一種學習」。

爲了紀念登頂這一刻，我們在山頂上拿出預先準備的國旗及校旗合照留念。這是台灣第一支學生團，挑戰攀登非洲第一高峰吉力馬札羅火山的新紀錄，國立體育大學的師生合力完成了。今天也恰好是少康的生日，他在過程中一度瀕臨自我極限，原本想要退縮，最後還是靠意志力堅持下去，登上「非洲第一高峰」應該是他有生以來最刻骨銘心的生日禮物吧！

後來才知道小謀老師在登頂過程中，爬到五千四百公尺，就要繼續往上攻頂時，他決定放棄了。他說：「從十八、九歲爬山以來，我每爬一座山，唯一目標就是登頂，但這次太太說她累了，我決定留下來陪她…。」小謀老師在放棄的那一刻，反而覺得輕鬆、滿足。

如果時間允許，我相信可以有更多人挑戰登頂，但大家都遵守安全折返時間的規定。事後大家在分享時，因爲B隊的夥伴未能登頂，老師提及大家對於此事的想法？大家普遍認爲在這個計畫過程中的收穫豐碩，登頂與否就顯得不那麼重要了。雖然未至登頂，有人達到五二〇〇公尺、有人越過五四〇〇公尺，更有人登上五六〇〇公尺，就差一點就登頂了。大家來遠征有形的吉力馬札羅火山，實際上是克服無形的內心恐懼，總之大家都盡了全力，都有成功的感覺，就某種角度而言，都已達到「人生的最高峰」。

同行的夥伴美芬事後曾跟我聊到：「其實在登頂當天她的狀況並不好，也曾經猶豫是否有能力加入A隊？」後來她思考：「如果她選

擇B隊，最後沒登頂她會覺得遺憾。所以她寧願選擇A隊，至少她嘗試過，盡力過便沒有遺憾了……。」我深刻體會在登頂過程中若少了夥伴的互相支持鼓勵，很可能就半途放棄了。由此看來，個人的選擇、團隊的氛圍，其實早在決定加入A隊或B隊的那一刻起，似乎已經註定登頂的命運了。

登頂雖不是登山的唯一目標，卻是每個登山者夢寐以求、全力以赴的目標。當你半途而廢，或因怠惰、退縮而無法登頂，千萬不要說「沒登頂也沒關係！」，或是「登頂又不是登山的全部」，那是一種自我安慰的藉口。坦然接受人生的不完美也是一種學習。

穀倉效應

登頂之後，我們下撤返回Barafu camp已是下午四點，真的是精疲力盡了，我頭也不回就鑽進帳篷躺平，昏睡了半小時。但時間不允許我們休息太久，我們必須續往Mweka camp（三一〇〇公尺）前進，從Barafu camp到Mweka camp約十六公里。由於下降的高低差很大，所以一路都是陡下坡。雖然下坡不如上坡耗體力，卻容易因大意而發生意外，我們亦步亦趨小心翼翼，相形之下速度也快不了多少。所以到達Mweka camp已是晚上九點鐘，算算我們今天走了十八個鐘頭左右，好漫長的一天！大夥簡

直累癱了，連吃東西的力氣都沒有！我勉強塞了些東西進肚子裡，繼續鑽進帳篷裡。昨晚我足足癱睡八小時，是這些日子以來最充足的一次。下降到Mweka camp以後，我不再服用丹木斯，晚上也沒起來上廁所，可見晚上的頻尿完全是丹木斯的反應。

今天我們預定從Mweka camp出發，持續下降到Mweka國家公園，然後搭車返回Arusha。吃完早餐後，嚮導和挑夫突然請我們聚在一起，其中一位挑夫先帶頭引吭高歌，其餘人跟著唱和，圍成一圈開始手舞足蹈。後來好幾位夥伴也被拉進去同樂，每個人都被挑夫的舞蹈逗得哈哈大笑。原來這是他們的傳統，每次攀登結束後，都會慶祝山行圓滿成功。

我們續往Arusha前進，今天行程不趕，下山的路大家顯得很輕鬆，談天說笑，這是完成任務後的愉悅感。冠璋老師此時突然集合大家，跟大家提示一個觀念，叫做「穀倉效應」（Smell the barn effect）。意思是大家在辛苦登頂後，體力可能已經消耗大半，在心理上會急著想回去，腳步也會在不自覺中急切！就像牛羊聞到穀倉的味道一般，知道牛棚快到了，就會加快腳步想回到穀倉吃東西。導致許多意外往往都在下山途中發生！這個現象讓人警惕。所以你不只「必須到得了那裡，還必須回

得來這裡。」冠璋老師提醒大家，下山時仍須保持專注與耐心。仔細回想這種心態的確常常不自覺發生，幸好有冠璋老師這隻「好烏鴉」適時的提醒。

今天的ＬＯＤ是瑞芬，是團隊中年紀最輕的成員，卻是一個相當有主見和獨立的女孩。但畢竟年紀較輕，雞婆的我有時會給她一些建議，原先以為她可能聽不進去，沒想到她立即照做了，這點令我相當意外。像是一開始她覺得自己的英語能力不行，害怕跟非洲人溝通。我鼓勵她說：「台灣人普遍上只是聽與說的能力欠佳，要改善別無他法，只有反覆練習。所以這次非洲之行是一個相當難得的機會，只要敢講！就會進步，我自己也是跟黑人亂哈拉…。」起初她沒有回應我。但過了不久，我看見她湊過去嚮導大衛身旁，開始用英文溝通，感覺大衛很努力想要理解。我在旁觀察她倆的互動，不自覺笑出來！但我心裡是很欣慰的，只要踏出第一步，進步便指日可待。我自省以前我怎麼都沒遇到良師益友提醒我這點？還是我根本不受教呢？

從Mweka camp開始下降，大家就一路聊天說笑。從高海拔下降到低海拔，夥伴們高山反應少了，臉上的笑容就多了。我觀察到瑞芬的表情差異最大，跟大衛聊天

老馬識途--我的吉山嚮導今年65歲，
像不像摩根費里曼啊！

我的肌肉男挑夫

披著馬賽圍巾的我

與挑夫及嚮導合影

時笑得合不攏嘴，但在山上時縱使我想要逗她，她卻只是勉強擠出笑容來應付我，很明顯的對比。

在快到登山口的時候，一位挑夫突然將他的馬賽圍巾披在我身上，我先是一驚，原來他要我披著馬賽圍巾照相，我們也自然地聊了起來。他告訴我目前正計畫考嚮導執照，坦尚尼亞的嚮導資格取得相當不容易，需要經過約半年時間的訓練及實習方可取得。但一旦當上嚮導，等於「鯉魚躍龍門」，薪水立刻翻好幾倍！由於絕大多數來爬吉力馬札羅火山都是外國人，英文溝通能力是高山嚮導必備條件之一，其次是一筆可觀的訓練費用，依一般經濟狀況要籌到相當不容易！這也是許多挑夫終其一生仍是挑夫的原因。我聽他娓娓道來，他的英文算是流利，肌肉線條也相當棒，我第一天上山時就注意到他。後來我決定把我的頭燈送給他，祝他能早日取得嚮導資格，我也和他拍了張照片留作紀念。在Mweka國家公園我們陸續跟所有的嚮導及挑夫合照，並把小費頒給他們，這是他們最期待的時刻，小費才是他們最可觀的收入。

往Arusha的路上，我們路過一家餐廳休息用餐，簡單的烤肉串配上三個小菜的套餐，卻是這個星期來最令人感動的一餐。今天我們即將告別帳篷日邁向旅館日，一想到就令人心情愉快。此時此刻不管幾星級，只要有熱水有電，就讓人覺得滿足幸福。在山上對物質實在無法苛求太多，只求能填飽肚子及滿足基本生理需求。這種生活體驗會讓人反璞歸眞，回到平地後，生活可以變得很簡單，也更容易珍惜自己所擁有的一切。

回到Arusha的旅館，算算今天是沒洗澡的第六天。在山上天氣冷不至於流太多汗，但頭髮沒洗就是一件讓我耿耿於懷的事。平常我一天沒洗頭，就會覺得渾身不對勁，而六天沒洗頭，頭上所產生的髮油令人不忍卒睹。所以我在山上連睡覺時都沒敢把頭巾拿掉，因爲那種味道連自己都受不了，也怕影響到別人。

我們四個大男生進到房間後，深呼吸一口氣將頭巾拿下來，還拍了張照片留作紀念。理論上應該沒有人希望把這樣不雅的照片公諸於世，但我們還洋洋得意。因爲人生難得幾回有這種機會，這彷彿是種自嘲的快感。此外，這次非洲行，我特意不刮鬍子，因爲連我自己都沒看過我留廿二天鬍子的模樣，所以很好奇。如果沒意外，這應該也是我公職生涯的唯一機會，錯過可是要等退休了。

「男人」，總會希望自己一生中至少能留長一次鬍子！

有時候對他人而言毫無意義的事，我們卻會莫名的執著。

體驗教育的指導老師在非洲旅館遇上體驗教育的Sticker。
體驗教育的真正意義「做中學」加上「反思」。
(Learning by doing on reflection)

第十三章 CHAPTER 13

Safari

今天本應該是跟休閒團分道揚鑣的日子，她們輕鬆地去Safari，而我們準備迎接第二個考驗—肯亞山。不過這時團隊出現了不同的聲音。有人對攀登吉力馬札羅火山的痛苦經驗餘悸猶存，甚至提議乾脆變更行程，不要去爬肯亞山，直接跟休閒團一起去Safari好了！人家都知道是玩笑話，卻反映出當時的心情。

Safari

「**Safari**」一詞原意為非洲野生動物的狩獵旅行，後來非洲嚴格規範狩獵活動，生態旅遊於是開始盛行，遊客便轉而用眼睛及照相機來「捕捉」野生動物。「**Safari**」因此成為觀賞野生動物的代名詞，如今「**Safari**」成為非洲地區相當熱門的旅遊活動之一。

為了安撫大家騷動的心，冠璋老師決定從善如流，稍微彈性變更行程，增加一天的休閒日，讓我們坐船到旅館附近的Lake Lavaisha的一個半島去逛逛，大家放鬆一天，享受這段

野生動物骨骸

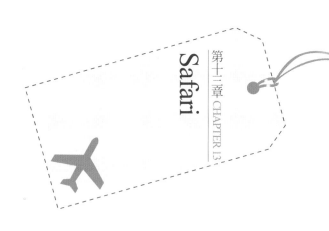

旅行中唯一的休閒時光。聽說那裡有許多野生動物，導覽人員先在岸邊爲我們介紹Lake Lavaisha，接著我們上了船，在遊湖途中，船伕突然將預先準備好的冷凍魚拿出來，神秘地告訴我們準備欣賞一段表演。首先他用手指著岸上的樹林，看到許多不知名的鳥類棲息在岸邊的樹枝上，船伕說那是魚鷹（fish eagle）。

只見船伕吹了聲口哨，魚鷹聽到口哨聲，擺頭往船伕的方向，顯然這是牠習慣的「暗號」。接著船伕將魚丟進湖裡，只見魚鷹突然展翅衝向空中，沒直接地對準目標物，而是在空中盤旋一圈，似乎在調整方位，隨即向湖面的目標物俯衝直下，精準地用爪子將魚箝住，拉回岸邊大快朵頤，整段過程一氣呵成，分秒不差！由於事情發生太快，我們來不及將過程拍攝下來。這魚鷹彷彿就像是訓練過的特技演員一般，而且屢試不爽。我一度懷疑這魚鷹到底是不是人工飼養？後來才知道這的確是野生動物的本能。

接著我們也看到湖裡有許多河馬，棲息在湖面上，露出兩個「大鼻孔」瞪著我們。聽冠璋老師說：「雖然河馬是草食性動物，看似溫馴，但殺傷力十足。」我心裡很納

在湖邊棲息的魚鷹

湖裡的河馬瞪著大大的鼻孔對著我們

MAIN

悶？原來根據統計，每年有很多船在水中不小心被河馬撞翻或是有人不小心被河馬撞死，所以也是一種不能太接近的動物。可見不只是肉食性動物可怕，草食性動物也有危險性！幸好有冠璋老師的提醒，我本來還想看看有沒有機會可以摸摸它。

Lake Lavaisha景色優美，據嚮導說，肯亞這樣的湖泊並不多見。大約三十分鐘的船程後我們到了半島，先將船停泊於岸邊，發現岸邊一坨坨「黃金地雷」，聽說都是河馬的傑作，於是大家「步步爲營」。不過還是有夥伴不小心踩到了，又沒彩券可買，眞是倒楣啊！

島上有許多野生動物，包括羚羊、斑馬、水牛、長頸鹿等，第一次跟動物園裡才看得到的野生動物做親密接觸，大家都覺得新鮮，快門也一直按個不停。剛開始大家小心翼翼、亦步亦趨，都保持距離拍攝。後來就越來越靠近，開始近距離捕捉牠們的一舉一動。不過這些野生動物在台灣的木柵動物園都被歸類爲可愛動物區，所以大家都很放心。聽說眞正的**Safari**行程你會看到獅子和大象等大型兇猛動物活生生在你面前，你只能坐在吉普車或巴士上**Safari**。後來我們逛到了一個湖泊，那裡有成群的火鶴（Flamingo）棲息在湖邊，數大便是美，感覺十分壯觀。牠們生性敏感，我們只能小心翼翼在遠處欣賞，不過最後牠們還是飛走了。

參觀完半島後，我們到休息處等待巴士來接泊，這一等又是一個半小時巴士才到，查爾斯說今天是周末，巴士臨時不好找，於是又遲到了。巴士總是有理由遲到，我們總是要等待，這趟旅行光是等待就浪費太多時間，我實在受不了了。

所以我們到下午三點才吃中餐，吃完中餐約四點集合，我們枯等到五點三十分巴士才來。我一路上都笑不出來，又無法改變什麼，我的情緒十分低落，直到我們進入地獄門國家公園（Hell's gate National Park）的天然攀岩場。

我興致勃勃展開人生第一次攀岩。我打了頭陣，一開始我衝得很快，感覺還算輕鬆。後來遇到了一個關卡，有一塊岩石花了我許多時間，也耗費許多體力及肌力，卻怎麼樣都找不到著力點！後來我冷靜聽指導員在下面一步步指導，才終於解決它。爬上頂端時我氣力放盡，卻覺得通體舒暢，這一番發洩後，我的情緒才逐漸調適。聽說攀岩這種運動，女性初學者的成績往往不亞於男性。因爲一個技術純熟的攀岩者，有近七十％的力量來自下半身，女孩子在先天缺乏力量的情況下，自然很容易

噓！我的背後是火鶴！

火鶴最後還是被嚇跑了！只剩下羽毛。

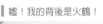

依賴下半身的力量。我才知道原來我白費那麼多力氣！可見這不是一個光靠蠻力的運動，經驗及智慧也很重要！這是一種結合體能及腦力的運動，兼具趣味及挑戰性，讓我記憶深刻。要不是時間已晚，我還想再挑戰另一座！

結束短暫的攀岩，我們前往國家公園內的露營地。比起其他山上營地，這裡設備好上許多，有水龍頭、有廁所，十分寬敞。但是，當我到離營地附近的廁所如廁時，發現地上滿是一坨坨的動物排遺，顯見這個地方常有大型野生動物出沒，令人毛骨悚然！我特地問了大衛：

「這邊會不會有獅子？」

他笑了笑說：「不太常見。」一臉無法肯定的表情。

「但我確定一定沒有老虎吧？」我促狹地說。

然後我們相視大笑！

後來他補充說動物其實也怕人，我們在這裡升火，所以動物不敢靠近。我當然知

道動物也怕人，但動物有時也會迷路、也會心不在焉。所以我在上廁所時依然小心翼翼、環視四周。

整個營地空蕩蕩只有我們一群人，但我發覺距離約兩百公尺的一處營地有人生火，大衛說一個美國高中生在獨自紮營。這個年紀有這樣的行為及創意，眞是異於常人。這讓我想起源於歐洲的「漂鳥運動」，許多外國年輕人都崇尚這種精神。走出城市，藉由與大自然的接觸來磨練自我，並從中得到體會，就像漂（候）鳥一般，到處遨遊。這樣的文化造就出來的年輕人，他的人生哲學及價值觀，肯定和一般人不同！現回想我高中時代在做什麼呢？只想著到處閒混、唱歌、跟美眉聯誼，別人玩什麼跟著玩什麼，從沒想到這些事。

圖為Safari，與非洲動物零距離之接觸，此為這段旅行最悠閒的一天。「第一次發現，原來人跟大自然可以如此和諧共處！但是，不要太近喔！你會發現人類與動物共存的原理，人與人的相處不也是如此嗎？」

晚餐我們等了好久，嚮導約翰才姍姍來遲，你可以想像嗎？這次十點鐘才準備好晚餐，而且菜色簡單的可憐，只有白飯加上高麗菜、紅蘿蔔淋在上面，這樣居然就是一餐。而我們一天的行程要價一百三十元美金！現在我只想多加一塊排骨就心滿意足，在台灣垂手可得的事，此時在非洲卻難以實現！在這個情況下也只能這樣自我解嘲說：「我正在吃夢幻排骨飯！」

這次的大旅行雖定位爲冒險學習之旅，但糟糕的伙食及嚮導的時間觀念，卻令大家相當詬病！有一次小謀老師發飆了，跟嚮導查爾斯起了衝突！不同的文化我們當然必須體諒及接受，太多的怨氣卻逐漸累積成一顆不定時炸彈。我試著學習自我調適，盡可能不要影響到心情。

決定讓瑞芬留在山下

結束Hell's gate國家公園的露營，今天我們又回到Fish Eagle Inn。今天冠璋老師做了一個重要的決定，由於瑞芬在山上的狀況一直不好，在山下也未見起色。他評估瑞芬的生理狀況，認爲不適合攀登肯亞山，因此要她留在山下跟休閒團去Safari。冠璋老師要大家圍在一起，接著說：「作爲這個團隊的領隊，他有很大的壓力，有時會被迫做一個無法盡如人意，卻又不得不爲的決定……。」之後便宣布這件事。

瑞芬對這個突如其來的決定無法接受，她覺得自己應該可以再試試，哭求希望大家不要拒絕她上山。我對冠璋老師這個決定很意外，因爲這是第一次決定讓夥伴留在山下，但心裡卻附和這個決定。瑞芬狀況的確不好，她的笑容通常只在山下才出現，在山上我鮮少看見她的笑容。從吉力馬札羅火山回來時，她曾跟我說她再也不要爬山的賭氣話，可見爬山這件事對她來說一直是件苦差事。

「妳在山上快樂嗎？」

「妳的身體狀況一直不是很好，在這樣的狀況下勉強登頂是件很危險的事。」

「這次沒上去並不代表什麼，只要妳願意，下次還是有機會啊！」

「說不定妳去Safari會有不一樣的收穫！」

大家七嘴八舌勸她，希望她明白大家的擔心，要她考慮現實不要冒險。我們也預期到她的反抗與不甘心，好強的她一直懇求大家再讓她試試，但這時卻沒有人在乎她的感受，只是一昧地勸退她。我看見她的表情，似乎在向我求救，當下我有點猶豫，本想跟冠璋老師商量是否能讓她再試試？但冠璋老師的態度看來很堅持，我終究沒說出口。後來她只得被迫接受了，但誰都看得出她低落的心情。在車上我沉思許久，我有點迷惑，我不確定這樣做到底是對還是錯？只能祈禱這對她來說是最好的選擇。

告別了瑞芬，展開今天的車程。我們從Fish Eagle Inn出發便一直趕路，到了下午一點，嚮導約翰在途中挑了家速食餐廳用餐。由於餐廳客滿，加上要趕路的關係，約翰建議大家在車上吃就好，爲了能快點到達目的地，大家當然沒有意見！

約二十分鐘以後，只見服務生用玻璃盤將飲料、炸雞及薯條端出來給我們在「車上吃」！我們全都傻眼。沒錯，不要懷疑！眞的是在「車上吃」，但車子也「不動」看我們吃。這時我們才會意過來，夥伴們只能相視大笑，苦中作樂。只是在餐廳裡吃和在車上吃有差很多時間嗎？我無言了。

吃完中餐繼續上路，我們到達Nanyuki，這是一個相當熱鬧的小鎮，也是到肯亞國家公園的必經之路，大多數人選擇在進入肯亞國家公園之前在這裡休息兼補貨，我們也不例外，停留約半小時。在前往肯亞國家公園的一條快速道路上，我居然看到有好幾隻狒狒肆無忌憚地在公路上閒逛曬太陽，我還揉揉眼睛確定我沒看錯，看它們露著光溜溜的屁股的模樣眞是逗趣。在非洲常會看到野生動物在公路上的景象，但我想每年應該有不少野生動物死於車禍意外吧？

經過一路的巔簸，好不容易終於抵達肯亞國家公園，卻已經是下午五點鐘，距離我們預估的時間又晚了三小時，令人無奈卻習以爲常。

由於往山上的路況相當差，查爾斯本來要開四輪傳動的吉普車送我們到目的地Old Moses hut（三三七〇公尺）。但車子臨時出了狀況，我們還是開廂型車上去，路況比我想像中還要差，一路開來十分驚險。不出所料，走到一半車子就拋錨動彈不得，我們只好在車上等。後來查爾斯的吉普車終於來了，但位置不夠，只能先送女夥伴上去，我們則用走的，邊走邊等車子回頭來接我們。

我們摸黑走在路上，今天星光燦爛、明月高掛，天空出奇的亮，這樣的夜晚就算不開頭燈也行。沿途看見許多野生動物的排遺，一坨比一坨大，看得我目瞪口呆！聽嚮導說有水鹿、水牛、甚至還有大象，可見野生動物也喜歡「on trail」。如果家人知道我是來到這種地方，不知會作何感想？途中我一直擔心會不會有野生動物突然衝出來？但此時想這些都是多餘，因爲「回頭路」比「前進路」還要遠很多，只能硬著頭皮往前走。我心裡想如果是單獨一個人走在這條山路上，應該會毛到不行吧？只能安慰自己動物其實更怕人！聞到人的味道就會自動走避。加上一路上的聊天說笑，彼此互相壯膽，也轉移注意力。

查爾斯的吉普車還來不及回頭接，我們就已經走到了Old Moses hut，大夥一邊整理裝備一邊等吃飯。可以想像嗎？我們吃晚飯的時間竟然是晚上十一點！不過今晚我們終於可以睡在山屋，這是我的肯亞山屋初體驗。山屋的床墊相當厚，睡起來很

KENYA WILDLIFE SERVICE
MT. KENYA NATIONAL PARK
SIRIMON GATE 9 KMS

肯亞國家公園入口

舒服，比帳篷溫暖許多，也提供水龍頭及室內廁所，但今天一整天的車程反而比山行更疲累，我倒頭就睡了。至於乾淨及衛生的問題，身在非洲，也懶得去思考了，否則只是自尋煩惱而已。

我閉上雙眼，此時瑞芬的事卻一直在我腦中迴盪，一時也睡不著。冠璋老師的堅持有其道理，要兼顧目標達成、團隊及個人安全，領導者的意志往往需要被貫徹執行。而不讓她上山，大家的出發點雖然是善意，但「被留下」的感覺一定很糟！這眞是兩難！如果我和瑞芬易地而處，我能坦然接受嗎？所幸，後來瑞芬依然保持對團隊的信任，當時她的自我調適及勇氣令人欽佩，值得所有人學習。

山有時會透露某些訊息，譬如：山頂可能近在咫尺，而你卻有了高山症狀或氣候變得惡劣；或是當你不舒服時，可能就是山在跟你說話、在提醒你，這個時候你不應該上去，你應該考慮往下走。就好比生活中有很多事情是自己無法控制及掌握，你必須學習去接受及放棄，而「放棄」有時比「堅持」更加困難！英文有句俗諺：「Getting or experience.」（不是得到，就是學到）。你或許礙於限制無法登高行遠，但轉個彎說不定能看到更美

在肯亞山國家公園入口遠眺肯亞山頂

的風景。

有時，沒登頂的人或許比登頂的人收穫更多！

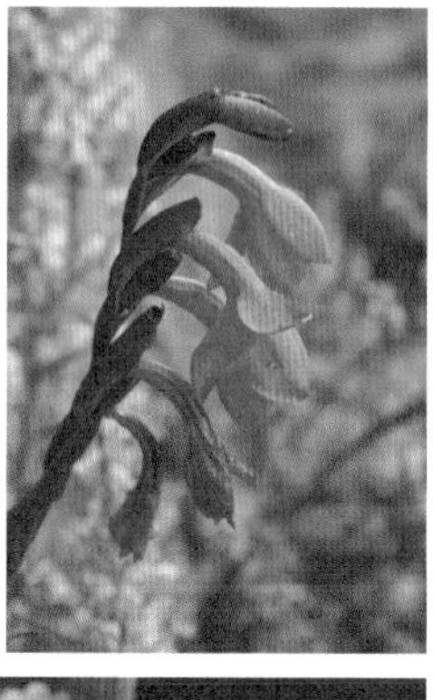

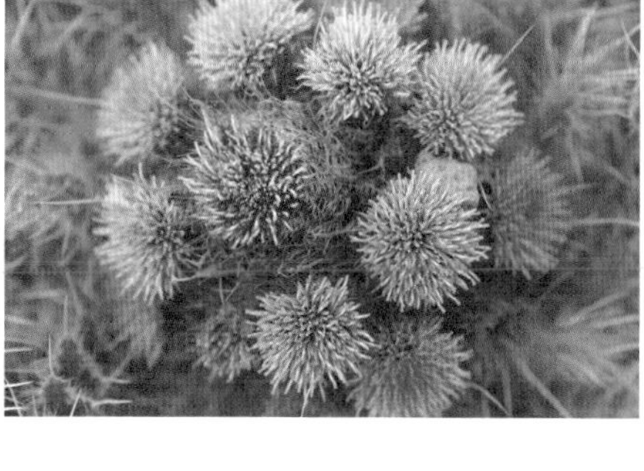

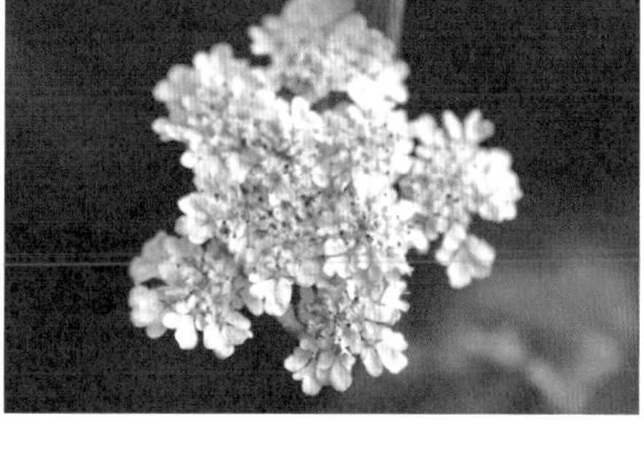

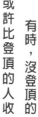

↑此圖為各式品種的非洲特有植物-「Lobelias」
大自然的美是不需要任何裝飾的，它是在霜雪淬煉之下所散發的堅韌樸實之美，令人忍不住駐足欣賞！

第十四章 CHAPTER 14

不要在肯亞山野餐！

肯亞山國家公園位於肯亞中部，是東非大裂谷最大的死火山。峰頂常年積雪，主峰Batian（五一九九公尺）及第二高峰Nelion（五一八八公尺），由於攀登需要藉助輔助器材。因此一般登山者大都選擇位於肯亞山東側的第三高峰Lenana（四九八五公尺）。只要克服體能及高山反應問題，這算是多數人較可勝任的登山途徑。

此外，肯亞山國家公園是一處多元化的動植物棲息地，我從網路搜尋的資料顯示，一九九七年被聯合國科文教組織指定為世界遺產。它有著令人嘆為觀止的風景，連綿的山峰煙霧繚繞，峰頂若隱若現，在晴朗的日子裡幾英里外都可以看到屹立在遠方的肯亞山峰頂，覆蓋著皚皚白雪。攀登肯亞山約需三至五天，山中有許多獨特的高山植物及野生動物，從溫帶森林開始，最後出現在面前是罕見的極地赤道雪，穿越一個迷人的世界。

肯亞山有一個有趣的小故事，在菲利斯（Felice）所著《No Picnic on Mount Kenya》一書中描述，有一位義大利人菲利斯，第二次世界大戰時受雇於義大利軍隊，一九四一年被英國

肯亞山攀登路線圖，黑色雙線箭頭為我們預定的攀登路線
圖片摘自http://www.ewpnet.com/mtkenmap.htm

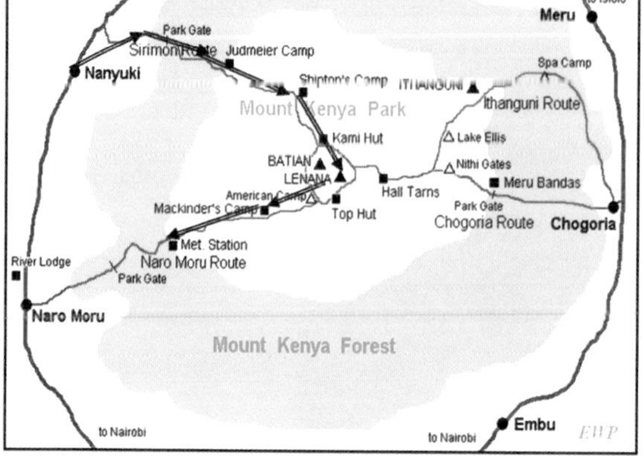

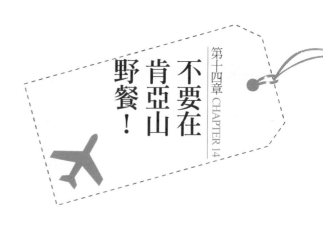

在肯亞山隨處可見的動物—蹄兔。請不要以為我是老鼠，我只是耳朵比較小而已。

軍隊俘擄，被囚禁在肯亞境內一處不知名的俘擄營裡。有天他從鐵窗外看到一座山，據他形容山形嚴峻有如大暴牙般，後來才知道它是肯亞山。從小就愛登山的他每天看著這座山，心嚮往之，漸漸激起他想要挑戰這座山的念頭。

後來他與某位獄友冒著生命危險，開始策劃越獄及登山的計畫。竟然他們越獄成功了！在千辛萬苦征服肯亞山後，他們深知逃不出人生地不熟的肯亞，又心滿意足地返回俘虜營，令人莞爾。我在肯亞山上一路走來看到數不清的野生動物排遺，彷彿置身動物園裡，令人毛骨悚然！由此可見挑戰肯亞山的難度不光是嚴峻的頂峰，還有野生動物的威脅。所以菲利斯的冒險遊記一書命名為《No Picnic on Mount Kenya》，詼諧而眞實，卻一點都不誇張。

今天我們預定從Old Moses hut出發，到達Liki North camp（三九九三公尺），距離約七公里，坡度略陡，路程約四小時。冠璋老師在出發前先集合要大家思考幾個問題：「這幾天你希望完成哪些日標？」他要我們前半個小時先不要交談，讓自己獨處(Solo)一下。

我一面走一面思考，現在離我最近的目標，毫無疑問就是肯亞山了。對登山者而言，登山的意義只取決於登頂嗎？登頂才是王道嗎？那如果沒登頂呢？就什麼都不是嗎？

以世界第一高峰聖母峰爲例，那是每一位登山者冒險及挑戰的極致，很多人可能曾經幻想過，也可能完全不敢想去挑戰那樣一座山！我相信會去挑戰聖母峰的人，都是經驗豐富的登山好手，這些人對本身的技巧、體能及經驗都有一定程度的自信，才膽敢挑戰世界第一高峰。既是如此，會阻礙他登頂的原因，不外乎氣候、高山反應、臨場生理狀況等，都是不可抗力因素。如果一個挑戰者突破重重關卡，抵達攻頂的關鍵時刻，此時氣候許可又沒有高山反應，我相信每個人幾乎都有能力登頂。但假設此時氣候或是本身狀況欠佳，而峰頂近在咫尺，你會如何抉擇？

選擇下撤，對以挑戰聖母峰爲一生職志的人而言無疑是痛苦的抉擇，下次的機會不知何年何月？如果你不顧一切勉強繼續登頂，你將冒極大的生命危險。幸運登頂成功的人成爲英雄，受到人們的欽佩與讚賞，而挑戰

失敗的人則可能永久與大山共眠。

以前我一直以爲登山的目的只是征服，爲了挑戰極限，征服一座又一座的高山。就像是武俠小說的無敵劍客，四處尋求挑戰，但強中自有強中手，終有失敗的一天。所以一味挑戰高山，你也註定難逃失敗的命運。有人花了畢生精力，你不知道他有多麼渴望征服那座山？千里迢迢來挑戰聖母峰，卻在最後一刻喊卡放棄了，那是一種很艱難的掙扎。有人說：放棄就放棄了，有什麼難？充其量不過就是低調不說罷了。但對終其一生想要完成某種目標的人，被迫放棄的那種心理掙扎，我完全能夠體會。

登頂固然難能可貴，我們也應該佩服在最後一刻選擇喊卡的人，那是很難能可貴的心理素質。他們並非沒有能力挑戰登頂，而是衡量情勢做出放棄的決定，寧願等待更佳的時機，這樣的選擇需要智慧、沉著及絕佳的判斷力。所以能夠在關鍵時刻選擇

互助的力量─在山上我們互相信賴、互相依存，並協助他人

抗拒登頂的誘惑，絕對不是懦弱，反而代表勇氣，有時候「放棄」比「堅持」需要更大的勇氣。如果你曾經身歷其境，你就會明白箇中道理。

「山始終在那兒，你隨時可以來親近它。」你不見得適合每一座山，每個人心中都有適合自己的山，假如你做出不正確的選擇，勉強爬了不該爬的山，將是一件極其危險的事。如何選擇「適合自己的山」是人生的重要課題，是終其一生的學習。這往往必須透過體驗，才得以醞釀而生的人生智慧及價值。

此時我想起《麥田捕手》書中的一段經典：「一個不成熟男人的標記，是他願意為某種原因英勇的死去；一個成熟男人的標記是他願意為某種原因謙卑的活著。」

途中，慧香因昨晚沒睡好而狀況欠佳，大家都配合她的速度前進。走了一段路，我從慧香的眼神及步伐發現她的情況仍未好轉，顯然體力受到影響，最後一段路我自告奮勇幫她揹了背包。奕良說我們的背包功能性很強，背包的設計可連結延伸後揹，建議我將兩個背包都揹後面，如此較為省力。但我卻怎麼揹都覺得彆扭，一直有種要往後仰無法平衡的感覺，後來我決定以直覺上最舒服的方式來前揹。

我們到了Liki North camp，此時才下午一點，氣溫約爲零度左右，我們好整以暇吃完中餐，因爲距離天黑還有好長一段時間，有些夥伴選擇去勘查明天的路線，我則選擇留下來寫寫記錄。此時我位於約四千公尺高的Liki North camp。畏縮在帳篷裡，外頭帳篷已經結冰，我穿了兩雙襪子、兩件褲子、四件衣服，仍然感覺外頭的濕涼低溫。

有人會說：「花那麼多錢到非洲找罪受，何苦來哉？」但此行所見所聞，讓我重新思考很多事情。在山下，我們大概都可以掌握日常生活的一切。而在山上，大自然的力量令人不得不折服！發生高山反應的無奈、無法幫助夥伴的無力感，種種的體驗讓我學習對大山謙卑，對萬物謙卑。

在山下，我們習慣「隱藏」，縱使人際間有任何不滿及難受，我們都還能理智地隱藏眞實情緒；而在山上，我親眼目睹人在極限的眞實情緒，是很難藏得住的。以前我很難理解爲何肥皂劇總是要人「想哭就哭吧！哭出來就好了！」我懷疑哭出來眞的會比較好嗎？如今才瞭解那代表一種宣洩的痛快。過程中我也感受到夥伴們彼此的扶持與關心，例如：我在吉山的第四天因爲高山反應不得不躺在帳篷休息時，夥伴們的關心照顧就讓我相當感動。我常想換做是我，我能對夥伴表達如此無私的什麼是「成功」？每個人對成功下的定義都不同，我認為只要全力以赴在某件事情上，並且超越、突破自我，就是成功。

「成功」，它是自我肯定的一個頭銜，沒有人能否定它的存在。

情懷嗎？這樣的念頭讓我無地自容。因此，在夥伴需要關心與幫助時，我也選擇義無反顧。

晚上的分享，我們八個人擠在一個四人帳裡。大家先從肯亞山的目標開始聊起，有人豪氣地說：「吉力馬札羅沒登頂，這次肯亞山一定要登頂！」；有人說：「能夠來非洲攀登非洲第一及第二高峰的體驗就已足夠，登頂與否就不那麼重要了。」；也有人感性地說：「不管登頂與否，最重要的是大家都在一起……。」每個人的性格及心態都在此時此刻表露無遺。

後來不知是誰起的頭？我們竟聊到冠璋老師的「終身大事」，我們好奇地問冠璋老師有沒有交過女朋友？他起初欲言又止，經過大家你一言我一語地慫恿下才娓娓道來。原來冠璋老師曾經有過一段異國戀曲，平常話不多的他，提到這段往事時語氣及態度明顯不同。後來大家起鬨要他開出擇偶條件，吆喝要幫他找女朋友！大家說說笑笑，沒想到話匣子一打開就停不了！原本以爲經過下午的探勘（夥伴們在下午探勘時舉行一場肯亞山盃棒球比賽，大家拿樹枝當球棒，雪球當棒球），大家會很疲倦，預料分享應該會草草結束。結果，生理上雖然疲累，卻依然興致勃勃，不捨得結束。

今晚我們度過在肯亞山的第二個晚上，這是我在非洲期間感覺最冷的一天，外頭都已經結冰。肯亞山高度雖不如吉力馬札羅火山，卻意外地感覺更寒冷！

肯亞山景

第十五章 CHAPTER 15

第一高峰的迷思

昨天睡得很好，每一次醒來都以爲天快亮了，看了手錶才知是半夜，這個現象在山上屢見不鮮。我跟冠瑋老師提到這個現象，他只說我很幸運，他在山上常常都睡不好。我在山上睡眠時間不長，作息卻很正常，生理時鐘自然和山下生活脫節，和大自然接軌，眞是一種奇妙的生理反應。這或許是山上清新的空氣使然吧！所以在山上我不用設鬧鐘，一方面在非洲「準時與否」顯然不太重要，二方面夥伴們也都會互相提醒，就放心許多。

後來我翻來覆去實在睡不著，便決定獨自起來到外面走走。我走出帳篷，發現連挑夫及嚮導都還沒起床。外頭大部分的地方都覆上一層厚厚的雪，放在外面的登山杖還有好甄的台灣藍白拖也都無法倖免。

肯亞山海拔雖低，卻比吉力馬札羅山還要冷。台灣的氣候潮濕，一個十度以下的寒流就讓人受不了！非洲因爲氣候乾燥的緣故，肯亞山攝氏零下十度的低溫尙能忍受。此時，天地遼闊加上皚皚白雪，我恣意享受這種與天地結合的寧靜，四處走走。這種地方適合Solo，也適合發呆，或是什麼都不做，就很舒服。

今天原本我們打算從Liki North camp出發，經過Icy elephant skeleton（四四五〇公尺）到目的地Shipton hut（四二三六公尺）。根據昨天的探勘結果，前往Icy都是雪路，辨識不易而且危險，連嚮導也沒有十足把握。所以爲了安全起見，我們最後還是聽嚮導的建議更改路線，繞了一些路，但相對安全許多。前往Shipton的路段也都結冰，有些雪水自山上往下流，匯集成小流經過路徑，當雪碰上水，就變得很濕滑，必須放慢腳步亦步亦趨，避免滑倒。

在肯亞山幾乎很少看到其它的登山客，也由於少人攀登的緣故，更增添遼闊及淒

肯亞山途中令人嘆為觀止的堆石。
「我們常被固定思維所限制，稍有創意則被視為標新立異。勇於創新思維，打破常規的人，往往能創造出人意外的成績，而令人注目、佩服。」

涼的感覺。景色和吉力馬札羅也截然不同，途中你會發現各種奇形怪狀的岩石林立及不知名的植物，這形成很特殊的自然景觀。在肯亞山上鮮少有路標，偶爾在路上會發現堆石，造型各異，這些堆石具有導引路途、指示方位的功用。每個路過的登山客都會擺上一顆石頭，這儼然已成爲一種傳統。這些堆石就如同路標一般，總給人一種莫名的安全感。在途中我看到一個造型奇特的堆石，創意十足！仔細觀察要堆成那樣形狀，難度非常高，可要花上一些時間，眞難爲堆石的主人了。不知道是精力太旺盛？還是太累了，藉故休息的傑作？

在這樣開闊、一望無際的天地，我的每張照片都不自覺地張開雙臂，想擁抱整個天地。雖然這樣的景色跟吉力馬札羅火山相比絲毫不遜色，不過肯亞山的攀登人數，跟吉力馬札羅火山相差甚多。在途中我們只有登頂前曾碰到一個登山隊，此外整個肯亞山就只有我們團隊加上嚮導及挑夫獨行，不若吉山的每個營地，都像聯合國一般熱鬧。

這樣的現象不難體會，就好比常接近山林的內行人都知道，台灣第一高峰玉山，不論是路徑、階梯、標示，還有鐵鍊扶手及棧道，都稱得上是百岳中最清楚最安全的，幾乎可以用「完美」兩個字來形容。但內行人都知道，國內許多百岳的個性及景緻都不遜於玉山，甚至連有些中級山也不遑多讓。但一想到百岳，一般人的第一印象還是玉山，第一選擇也是玉山，它是台灣精神的象徵。大家普遍認爲「高度」與「難度」成正比，海拔高度在一般人心中，仍然存在一定的意義。所以每年攀登玉山的人數一直居高不下，這是對於「第一高峰」都會存在的迷思吧！所幸我們兩座山都爬，才能有這樣不同而深刻的體驗。

突然一顆雪球飛了過來，散落在我身上！好甄一時興起，起鬨要打雪仗！好樣的！既然如此就不要怪我不懂憐香惜玉了。這場雪仗持續了好一會，在高海拔稍微激烈運動一下就會感覺很喘，其實在高海拔動作太大是很容易引起高山反應的，這場雪仗是錯誤示範。我想起肯亞的長跑運動舉世聞名，曾聽說肯亞的長跑選手都是在高海拔低氧的環境進行訓練，才造就出他們的傑出表現。如今體驗過才瞭解眞是不簡單。

我們直到下午二時三十分才到達Shipton hut。由於明天是預定的登頂日，這次冠璋老

炸三明治及炸香蕉

師要求的功課，是要我們學習不用嚮導，運用指北針配合地圖，靠自己的力量找到登頂的路。眼見還有一些時間，冠璋老師要我們先去探勘。今天輪到我當LOD，有些夥伴狀況不好，原本我想讓大家有時間休息，於是決定獨自跟嚮導山姆去探勘。沒想到二十分鐘後，冠璋老師、少康、奕良、雅期，最後一刻還是跟上來了。可見明天是登頂日，大家都很謹慎。

我們從Shipton hut出發，一開始就是一段超過四十五度左右的陡上坡，距離約一千五百公尺，這段路讓大家氣喘吁吁！嚮導山姆告訴我們距離Pt. Lenana的主徑還有一大段路，所以這只是開胃菜而已，可以想見明天的路有多艱難。

這一趟有被操到，回到山屋大家肚子都飢腸轆轆，晚餐時間卻還沒到。我突然想起背包還有一包泡麵，好甄說她那兒也有一包。寒冷的天氣讓我們開始想念熱食，我們借用山屋的廚房烹調，八個人就分享這兩包泡麵。雖然每個人大約只分到兩口加上一碗熱湯，但能夠在肯亞山上吃到久違的台灣味，就讓人感到幸福。

有幾個夥伴們狀況還是很差，不願再睡帳篷，寧願多花二十元美元睡在Shipton山屋內，希望多一些保暖能讓身體狀況好轉。由於山屋床位所剩不多，無法容納所有的夥伴，我和少康、奕良依然選擇睡在山屋外的帳篷。由於好幾個帳篷多出來，有足夠的空間讓我們一人睡一頂，少康決定要將帳篷搬到離帳篷區約一百公尺的地方

去「獨處」，他未雨綢繆隨身攜帶一把刀子，增加「安全感」。我和奕良沒帶刀，所以想都沒想就留在離山屋較近的帳篷區。

晚上開會決定明天的路線規劃及行進順序，因爲有幾個夥伴狀況不是很好，我們也做了最壞打算，討論下撤的問題。依據規劃路線，如果成功登上Pt. Lenana後，我們將往另一條西南側的路，Mackinder的方向下山。如果屆時有夥伴在登頂半途狀況不佳必須下撤，那就必須由嚮導陪同再回到Shipton，直接從Shipton由原路撤到山下等，那是兩條不同的路，兩天後才能跟其它的夥伴會合。所以沒有人希望自己成爲那個「單獨下撤的人」，因此我們可以說沒有回頭路了。經過吉力馬札羅的攀登經驗後，大家嘴巴上不說，我隱約感覺大家登頂的慾望似乎更強烈了。會議結束後我們便迅速躺平儲備體力，明天肯定又是一個漫長而艱辛的挑戰。

某天，天氣轉壞了，我們開玩笑要把山前的那片烏雲吹開。
「把眼前的烏雲吹走，真是異想天開的想法！生活中若遇到挫折，多發揮點想像力吧！同心協力的力量，可是不容小覷喔！」

第十六章 CHAPTER 16

肯亞山登頂

高山反應如影隨形

要怎樣形容在攝氏零度以下的高海拔地區，睡在帳篷的感覺？當你一進帳篷，整個感覺濕濕涼涼，你一刻也不會想要待在睡袋外頭，滿腦子只想鑽進睡袋裡頭。在帳篷裡，每天的例行工作就是吹睡墊、鋪睡墊、鋪睡袋、進睡袋，好不容易把睡袋暖和了，你會連動都不想動，連翻身都懶，因爲你總會不小心碰到睡袋外層，那種溫差會讓你很難受！更別提在半夜上廁所了，外頭黑漆漆一片，寒風刺骨。總是要撐到最後一刻，那種心理的掙扎與生理的難受，互相拉鋸，搞到身體實在憋不住了，只好妥協，硬著頭皮出去。

今天我們預計早上五點起床，六點出發，但今天的LOD－雅期的鬧鐘，卻搞烏龍四點就響，雅期小姐沒搞清楚狀況就準備叫大家起床，我朦朧中聽到一段對話。

「起床囉！各位勇士。」雅期說。

「現在才四點而已，妳要幹嘛？」奕

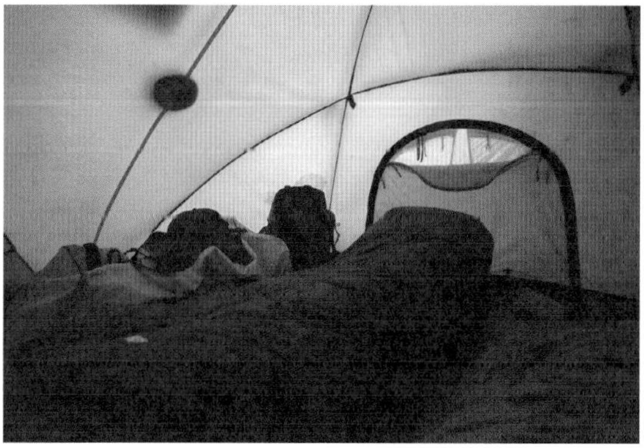

在山上，以天為幕，以帳篷為家，每天的例行工作就是鋪睡墊→吹睡墊→鋪睡袋→進睡袋→只求一夜好眠。

良說。

「咦！才四點嗎？啊！眞的才四點耶！」窘到不行的雅期，又悄悄飄回帳篷裡。

但這一折騰我已經睡不著了，便起身打埋裝備，眼見還有一些時間，就四處走走晃晃。我沒開頭燈，月光和星星交互點綴，我約略可看到山屋外的那條陡上坡，筆直地往肯亞山頂延伸，卻看不到盡頭，一陣寒風襲來，我恰好打了個哆嗦，那將是今早的第一場硬戰。最後我又晃到山屋內，偶而沈思，偶而記錄此刻的心情，記錄一直是我此行的重點。

在這段旅程中，我把握每個機會把所見所聞記錄下來。因爲我知道很多感動稍縱即逝，事後再怎麼努力也找不回。於是我等車時也寫，在帳篷裡也寫，就算是流水帳也無妨，以後才容易從蛛絲螞跡中回憶。獨處讓我思考透徹，獨處讓我靈光乍現。一個人身處海拔四千兩百公尺的山屋裡會孤單嗎？其實我滿珍惜這樣寧靜的環境與機會。

我喜歡跟我的思考獨處，人有時只需要影子的陪伴。

只可惜這樣的機會並沒能持續多久，夥伴們陸續起床，看來大家狀況還不錯，沒人出現不適的狀況，加上天氣晴朗萬里無雲，眞是個好兆頭。今天冠璋老師要我們以自己的力量登頂，不靠嚮導，對團隊而言是一項全新的挑戰。但肯亞山不像國內圖為攀登肯亞山常見的高山湖泊，當地人稱為TARN，與皚皚白雪搭配便成絕世美景。
「當你越接近大自然的時候，你會越覺得山的偉大、自己的渺小，你不會想要征服它，而是學會敬畏它。」

山岳，到處有路標或是登山隊遺留的塑膠名條，除了體力的負荷外，也很容易迷失方向，這是另一個挑戰。我們必須隨時停下腳步，確認路線及方位是否正確，因此將增加行進的難度，勢必比平常花更多時間。

吃完廚師準備的早餐，嚮導和冠璋老師繼續悠閒地用餐，我們笑嘻嘻跟冠璋老師約好山頂見，隨即整裝出發。如預期一般，我們花了一個多小時才成功越過那段超過四十五度的陡上坡，開始就讓大家吃足口頭。

沿途我們經過許多高山湖泊，當地人管它叫做「Tarn」，很奇妙的是，這些Tarn不論面積大小，在地圖上都有名字。它提供登山客辨識方向，是一個相當有效的參考路標。我看到一個相當大的「Tarn」，可能是下面有水草的關係，整個湖泊呈現墨綠色，搭配皚皚白雪便成絕佳景緻，我們在那裡停留好一會，享受這段美景，奕良幫我拍了這次旅程我很有感覺的一張相片。

面對沒有嚮導及任何路標的肯亞山，我們只能靠指北針及地圖判斷，過程中有幾次走偏了，幸好都及時發現又繞回來，才不致浪費太多時間。登頂之路遙遙，而雜念有時又會讓它變得更遙遠！在峰迴路轉後，明明看到山頂就在眼前，以爲就快到了，卻還要上上下下繞過一個山峰。繞了一段後，則又有一段。尤其是在你心理上認爲體力已經完全耗盡了，卻不得不往前走，這一種無止盡的感覺是山行最難熬的過程。

但挑戰這個時候才算真正開始，總是在最絕望的時候，山頂可能即將出現。所以你無論如何不能放棄，在精疲力盡之前不能放棄，就算是精疲力盡，只要堅持下去，你的心就會帶你找到更多力氣。

我試著將腦袋完全放空，不去想太多，只是一直走。突然嚮導山姆和冠璋老師出現在不遠處，他們的出現意謂我們即將登頂嗎？這是我們原先的約定。我第一次看到冠璋老師會覺得興奮！其實他們一直擔心我們迷路，於是從我們出發不久就偷偷跟著觀察我們，所幸我們的判斷大致正確，所以他們才一直沒有出手。過不久我們果然看到肯亞山頂Pt.Lenana（五七五六公尺），就在眼前，時間是二○○八年八月十四日上午十時四十分，我們完成了一次團隊百分百的登頂成功。今天恰好是慧香的生日，這是一個對她來說意義重大的日子，大家也刻意讓她率先登頂。

奇妙的是，此次的心情不像吉力馬札羅火山，登頂後我並沒有太多熱烈與喜悅，反而進入一種平和的狀態。此時我的平靜連我自己都覺得訝異，理論

上我應該要興奮的，不是嗎？我們完成了兩座大山的攀登，從籌備期到現在，度過一百五十多個交織汗水與淚水的日子。這算是我這趟冒險之旅的終點嗎？或是另一個起點？我的下一步呢？一堆想法反而讓我感到莫名的失落。我在肯亞山頂一望無際的雪景中充滿雜念、胡思亂想，眞是要命！後來我決定靜下心來，默默享受這片雪白的寧靜，直到夥伴們吆喝拍照的聲音才喚醒我。

登頂不足以讓我興奮，不登頂又覺得遺憾，實在矛盾！後來我跟夥伴談到這件事，我說「登頂」好比一種世俗的價值標準，我們要追求的應該不只是這些。少康吐槽我：「那你幹嘛寫論文？也不要拿學位好了。這些都是世俗價值。」仔細想想好像也對，對世俗價值完全不在乎，是件好事嗎？如果追求「世俗價值」讓你覺得快樂而有意義，當然無可厚非。如果志不在此，就不必隨波逐流、人云亦云。「鐘鼎山林，各有天性」，每個人應該去認眞思考什麼才是你想做的事。我不想一輩子忙碌追求世俗價值，當有一天醫生宣布我得了絕症，臨終前才後悔我的人生白走一遭！

我們無法滿足所有人的期待，所以也不需要刻意去迎合，人總不能只活在掌聲中，只要確信盡力就足夠了。每個人都應該眞實傾聽自己心裡的聲音，誠實面對自己是人生中最值得追求的一件事。平凡如我，雖然無法灑脫做到完全不在乎「世俗價值」，但想做什麼就應該去做。畢竟人生還有許多特別的挑戰等著我！如果我終其一生找不到工作以外的肯定，那才會讓我終生遺憾。

下山後我們直接往預定目標Mackinder hut前進。第一次走在完全的雪地上，感覺很奇妙，卻也驚險！深怕一不小心就跌入身旁數百公尺深的山谷裡。因爲你無法確切知道，你踩的下一步是鬆軟或是結實的。前頭夥伴跟著嚮導的步履，我們則依著夥伴

的步伐痕跡，這時候你必須選擇相信你的夥伴。

你能夠眞正相信你的夥伴嗎？你能夠將生命全然託付你的夥伴嗎？在山下，除了親人，我們都不容易相信人。在山上，面對未知與險境時，只有夥伴能互相支持。其實，只要彼此願意眞誠付出，建構信賴與互助的氛圍，它就會逐漸形成一種傳統。

突然領悟到人與人之間的合作眞諦不就隱藏在這平凡的登山過程中嗎？

由於體力耗盡了，舉步維艱，望著皚皚白雪，突然有一種「直接滾下去比較快」的衝動！但這一切僅止於念頭而已。

這時我發現自己似乎又有高山反應，頭痛欲裂，全身發燙，彷彿有人拿根小棒子輕輕敲我的頭，雖然不會造成多大影響，那種不舒服感卻一直揮之不去，所以形諸於外的臉色當然也不會太好看。夥伴發現有異，一直東問西問表達關心。我在這個團隊被定位成「有活力又愛說話」的角色，一不出聲，很容易發現不對勁。這樣的情形下，有時連我想一個人靜靜獨處，不想講話也不行，可見這個團隊眞是善於「關懷」。我終於能體會有些「搞笑型」藝人，要成功轉型爲「偶像型」藝人有多麼難了。

Naro Moru River
Altitude 4300 Metres

Mackinder hut（四三〇〇公尺），根據山屋牆上的文字記載是以建造人Mr. Mackinder而命名。建築物本身是以大塊岩石所堆砌而成，搭配上周圍肯亞山景色，整個感覺很有歐洲中古世紀古堡的味道。加上山屋管理員是個白髮蒼蒼的老頭子，屋子裡還點油燈照明，更添陰森氣氛。

在海拔約四千公尺，如果我沒吃丹木斯的話，大概就是高山反應的臨界點。我試了幾次，每次超過就產生高山反應，這次肯亞山我刻意不靠丹木斯，想以「自然」的方式登頂，我實在不想每次都靠藥物來登山。如果非得如此才能上山，那就表示那座山並不「適合」我，既然它已經暗示不要我接近它，或許我就應該離它遠點吧！

下午會議時，冠璋老師突然拿了一疊卡片出來，要夥伴各挑一張，把肯亞山的一些心情及想法記錄下來。他說會先保管，約定一年後再寄給大家。一年後的某一天，突然收到在非洲寫給自己的卡片，光是看到信封，就足以讓人

「寫一張卡片給一年後的自己，告訴自己現在的心情。並祝希望自己開心快樂，做自己想做的事。」

驚喜。內容肯定是忘記了，卻好奇自己當時的心情。

我們也沒有忘記山下的瑞芬，大家一起在卡片上寫了一些祝福的話送給她。在這次旅程中，處處都看得出冠璋老師在設計課程方面的用心，帶給大家不同的思考。

晚餐後大家依例坐在一起，此時古堡裡只有我們，點著小油燈，圍在餐桌前閒聊。朦朧的小油燈讓我們彼此的臉孔都變得隱約，很羅曼蒂克。由於頭痛尚在恢復中，我今天的話出奇的少，只想安靜的聽大家說話。突然間，嚮導艾瑪將所有的挑夫帶進來，在我們面前唱起生日快樂歌。原來他在途中聽到我們的談話，猜出今天是慧香生日，於是就計畫給她一個驚喜。他們還即興表演一段非洲歌曲及舞蹈，讓原本靜謐的古堡一下子熱鬧起來！登頂成功加上非洲黑人同胞爲她舉行的生日派對，二〇〇八年的生日肯定讓慧香一輩子都忘不了。

獨處（Solo）

今天我們準備下降到平地，從Mackinder hut（四三〇〇公尺）到Met station（三五〇〇公尺），距離約九、五公里。這段路幾乎是一路下坡，我們即將從「野蠻叢林」回到「半文明」，爲何這樣形容呢？非洲的市區跟台灣相比，不論旅遊服務、便利度及各項軟硬體設施，還是有些差距，所以姑且稱之爲「半文明」，但我們終於有水可以洗澡，有電可以用，有房間可以住了。

冠璋老師要求我們下山行進時進行兩件事，早餐時他先發給我們每人一張有關「獨處」的名言，我拿到的是：

「Without great solitude, no serious work is possible.」——Pablo Picasso

（若沒有經過一段偉大的獨處，就無法完成偉大的事。）

獨處

對冒險教育而言，獨處（Solo）是一個很重要的訓練課程，它通常是讓學員在一個定點，提供必要的飲食及必需裝備，進行獨處。獨處課程的目的如下：（一）提供一個機會讓人探索個人的獨立性、耐心、執行力及自制力；（二）提供一個機會讓自己有時間將課程經驗轉化與內化；（三）提供一個機會讓自己反思、反省、默想及對大自然的欣賞；（四）提供一個限制性改變的步調，讓個人在最後一段冒險課程前有充分休息的時間（蕭如軒、謝智謀，二〇〇八）。

我們這次課程實施採取動態的形式，首先分成男女兩組，在途中互相分享。然後再以帳篷分成兩人一組，最後是一人「獨處」。我們男生先出發，過二十分鐘後再輪到女生出發。

我以前從來沒接觸過「獨處」這門課程，我想西方的獨處大概跟中國的禪坐或閉關修行有異曲同工之妙。我原本以爲獨處跟孤獨畫上等號，要忍受孤獨，是我早習慣的事。一個人走在非洲叢林裡，剛開始會有恐懼感，隨著時間拉長，我發覺慢慢可以靜下心來想事情，思考也會變得透徹。後來我體會到「獨處」就是能靜下心觀照一切，這次的經驗讓我感覺很棒。想著想著，突然發現路旁有一坨黃金地雷，不曉得是一隻白目水牛的傑作，不偏不倚恰好落在路旁的一堆草上，幸好沒沾到。

但這次的「獨處」顯然不太成功，大家持續沒多久就投降了，開始邁開步伐，越走越快。大家「思文明心切」。至於獨處，以後再說吧！

冠璋老師在途中的一次停留，分享一段話：

「**Going home is the most difficult part of an expedition, because you are**

是大山令你感動嗎？我因超越自己而感動，超越自己而喜悅。

the missing puzzle that doesn't fit anymore.」

冠璋老師解釋這句話的含意，他說冒險活動後，人往往會產生很大的改變，對原本的環境，可能會產生適應不良的問題。回家後面對家人、工作，你就像是一塊失蹤的拼圖，已經無法完全契合，於是回家的適應可能成爲最困難的一部份。甚至還聽說有些人因爲無法適應原來的生活，最後選擇以自殺結束生命，情況輕微的人便以心理治療來走出這段「山的魔力」。

冒險活動後的改變是一種正常現象，但改變並不等同於孤芳自賞。或許這段身心靈攀爬的過程，改變只有自己最清楚，若以平常心來看待，回家不就是另一個令人期待的開始嗎？

我們走了四個小時後到達Met station，完成攀登肯亞山的最後一段路。回顧這段日子，我們共花了十一天攀登非洲第一高峰及第二高峰，兩座山都留下我們一步一腳印的足跡，每次回頭，都很難想像自己居然完成那段漫漫長路！就像一句耐人尋味的話：

「山路有時看起來很遠，但其實很近，只要你一直走。」

到達Met station，挑夫們已經等候多時，我們依慣例先

頒小費，並拍了團體照留念。

我的挑夫派翠克，今年四十九歲，是一個相當有經驗的挑夫。牙齒已不見了大半，他笑容靦腆，碰見我總是親切地叫我的非洲名字Kamau。肯亞山是他家的「灶腳」，連嚮導山姆都常詢問他的意見，幾乎可以稱得上是嚮導了，只是沒有執照而已。行程結束時他細心將我背包內物品逐一清點，向我確認沒東西遺失才交給我，相當有責任感。他的行為讓我很感動，我決定要獎勵他，正煩惱要送他什麼東西，突然想起陪伴我三年的保暖衣，口袋拉鍊雖已有小瑕疵，卻還是很猶豫。但我想他一定會喜歡，心一橫就擺在他面前：

「Do you want this?」便交到他手中。

「Really? thank you.」派翠克張大眼睛看著我。

「I hope you like it.」

「Sure, thank you very much.」派翠克說。

我看到他趕緊把外套收起來，惟恐被其它人發現。

我的肯亞山挑夫——派翠克

本來跟查爾斯約好早上十時三十分在登山口，但查爾斯到的時候已經是下午兩點了。而且只開一輛廂型車，車位原本就不夠，嚮導山姆又擠進來搭便車，第一排三個座位本來就不寬敞，卻擠了四個大男人，令人難受。筆強忍不住發火了，破口大罵：「旅遊品質眞是爛透了，車子又那麼擁擠，在車上連休息都沒法好好休息⋯⋯。」他大大發了一頓脾氣，這時我只能當安撫的角色。的確，這次的大旅行，旅遊品質及服務的確是大家最詬病的一件事。

下午四時三十分我們吃了「中餐」，繼續往「半文明」前進，現在我最盼望的是，能夠好好洗個熱水澡，把頭多洗幾遍。天啊！我又五天沒洗澡了！

往奈洛比途中，我們遇見警察的臨檢，由於職業使然，我特別注意他們的臨檢方式。他們的臨檢設置很特別，是將雞爪釘分別橫置於兩個車道，前後間隔約五公尺。駕駛人到了臨檢點一定得減速，繞一個S型才能通過，迫使駕駛人無法加速，若有情況警察可隨時攔下檢查。對照國內的臨檢點，是以縮減車道的形式，常見駕駛人不服取締、加速衝撞逃逸，對執勤員警而言相當危險。相較之下肯亞的臨檢方式算是一種簡便、安

冠瑋老師發小費給挑夫

全的檢查方式，值得參考。

到了奈洛比已是晚上九點，我們在肯亞市區買披薩回飯店吃。趁著空檔，我想將寫好的旅遊明信片寄出。寫明信片一直是我旅遊的習慣，買幾張當地明信片及郵票蓋上當地郵戳，從不同的一個國度將心情寄給家人或朋友，偶爾也寄給自己，我一直很執著做這件事，後來有夥伴也被我影響了。

接連問了幾個路人才問到哪裡有郵票，只見一個燈色昏暗的小窗口坐著一個服務員。

「Excuse me. stamp for the postcard, how much to Taiwan?」我問。

「Taiwan?」她有點疑惑。

「Yes, in Asia」我補充說。

「Ok, 105 Shilling for one.」

「I buy three.」我給了她四塊美金（一美元約九十先令）。

我在原地等著找錢，她遲疑了兩秒後看著我，我突然會意過來：「Keep the change.」

她拉長音開心地說：「Thank…you!」非洲公務員也很習慣觀光客的小費。

「Where is the box?」我黏好郵票後問她。

「it's ok.」接著便伸手拿走我的明信片。

我有點擔心這明信片是否會順利飄洋過海回到台灣嗎？不過也只能碰碰運氣了。

此時我想起瑞芬，不知道她這幾天過得如何？我一回飯店就到處問她的房間號碼？找到房間按了門鈴，我一看到她，就自動出現一個反射動作，想張開手臂給她一個大大的擁抱，所幸她也很配合我的動作。我邀她一起下來吃披薩，她的氣色不錯，笑容滿面，看來我們「沒讓她上山」的事她似乎已經釋懷，讓我鬆了口氣。晚餐過後，查爾斯將登頂證明發給每一個人。攀登吉力馬札羅山及肯亞山的登頂證書，除了國家公園認證外，嚮導也必須在證書上簽名，以示慎重及負責。

明天一大早，我們搭乘八點整的航班前往三嵐港（Dar es salaam）。依機場規定必須提前兩個小時辦理報到，而我們服務學習的行李還在查爾斯的旅行社！本來約好今晚要先拿，旅行社的鑰匙居然在另一個職員手中保管，一時也聯絡不上，種種不巧都湊在一起，看來今晚是沒法拿了。我和查爾斯再三確認，請他明天務必準時，飛機是不等人的。他也誠懇向我保證：「Hakuna Matata」（沒問題，史瓦希里語），但查爾斯的「前科記錄」卻讓我不放心，畢竟這段旅程我們已經吃了太多虧。後來我打電話詢問飯店櫃檯，確認清晨六點鐘也叫得到計程車，以備不時之需。雖然有點諷刺，也算是「風險管理」吧，只能祈求老天爺保佑，希望明天不會再有變卦了。

冒險活動後的改變是一種正常現象，但改變並不等於孤芳自賞，若以平常心來看待，回家就是另一個令人期待的開始。

第十七章 CHAPTER 17

終於脫離查爾斯的魔掌了

我們五點起床，預計搭八點的飛機從奈洛比飛往三嵐港。令人擔心的事終究發生了！查爾斯眞的沒出現！電話怎麼打都聯絡不上，他竟然在此刻人間蒸發！眼看時間一分一秒過去，飛機又不會等人，我們只好分別搭兩輛計程車到機場，留下班哲明和冠璋老師找查爾斯並追回其他的行李。後來終於找到查爾斯。他解釋昨晚和朋友到酒吧喝酒，遇到警察臨檢，因爲沒帶證件被警察帶到警察局扣留，到現在才被放出來…。不過那些藉口都不重要了，所幸終於把最重要的行李「服務學習的裝備」追回來。但登機時行李超重，須再加收一〇〇美元的超重費，這筆帳當然算在查爾斯頭上。

在這段旅程中，行程的延宕是我們最不滿的地方。我們知道出國旅遊常常都是導遊千拜託萬拜託旅客一定要準時，以免影響其他旅客及行程。我是頭一遭碰到有旅客要等導遊，而且是N次，出發時間拖延、行程拖延，常常到了旅館要等一個小時才能入住，到了營地要等吃飯，我們吃午餐常常是下午三、四點，晚餐也曾經到十一點才吃，離譜到不行！因爲延誤有些行程被迫不得不取消！還有一輛明明是九人座的廂型車，常擠到十三、四人，約定時間也常常遲到。顯然整個旅程，查爾斯幾乎沒有經過事前妥善的規劃，只是隨興的安排活動。就連最後一天查爾斯也沒出現，我們每個人卻已經預付一三〇〇元美金，總共將近五萬元台幣，感覺眞是嘔極了。

無奈的是，我只能坐視這一切發生，卻無計可施！我們對查爾斯的違約行爲毫無反抗能力！因爲我們錢都繳了，約也簽得不清不楚，再加上身處異鄉，我們實在沒有本錢跟人家談判，過程中我們吃太多虧了。我實在後悔在奈洛比旅館前一天要把尾款交給查爾斯，我後悔沒堅持離開機場時再把尾款付清。這一次教訓也讓我知道，出外旅行千萬要明訂契約，「先小人後君子」，千萬不要不好意思，太多的模糊空間只是徒增未來的困擾而已。白紙黑字寫清楚，對雙方而言，才是最佳的保障。

雖然是帶著壞情緒離開奈洛比，但到三嵐港，彷彿一切都不一樣了！三嵐港較奈洛比海拔低，天氣也炎熱許多！這才像是身在非洲的感覺！我終於脫下了外套換上了短T恤。雅期突然冒出一句話：「好高興喔！終於脫離查爾斯的魔掌了！」大家相視而笑。就讓一切重新開始！在三嵐港重拾好心情。

三嵐港是坦尚尼亞的舊首都，相對奈洛比，氣候怡人許多，感覺像是東南亞的熱帶氣候，讓我回想起在峇里島的度假時光，令人親切。WAMATO組織的創辦人朱華女士（Chuwa）在機場等候多時，她一一跟我們握手致意，還貼心地借來大卡車幫我們把行李載到旅館，濃濃的人情味讓我們感動不已。出外靠朋友，這是用錢買不到的感覺。

中午我們到了旅館附近的中國餐廳打打牙祭，這是我們兩個禮拜以來第一頓的

中國料理！那是一個廣東人開的中國餐廳，濃濃的廣東國語腔，連溝通點菜都要半知半猜的，當然也是半知半解，光是點菜過程就讓大家笑翻了。這一頓大家很盡興，吃到連一盤菜都不剩，顯然大家都很想念中國菜。

我們入住三嵐港一間很簡單的旅館，爲了省錢，我們特別請WAMATO的工作人員代訂。一間雙人房每晚只要廿五塊美金，所以連毛巾、衣架都沒有，更別提牙刷、牙膏、刮鬍刀了。最令人哭笑不得的是旅館所提供的早餐，每天都是一位黑人廚師負責，跟他講話總是愛理不理，速度也奇慢無比。假如你跟他訂了早餐很久沒來，過去提醒他，他會酷酷地不說話，其實他都聽到了，只是不回應，連YES或NO都懶得開口，所以你也只有回到位置上等候。幸好早餐通常只是上得慢，不至於不來。好不容易等來的早餐也很鮮，只有兩片看起來不太新鮮的土司和一顆蛋，草莓醬也給得極少，少得連一片土司都塗不滿。咖啡是即溶的，一人只有一小杯！我原本以爲來到坦尚尼亞到處都有好咖啡，沒想到居然都是即溶咖啡，眞讓人失望！實在有負咖啡王國的盛名。

原來咖啡豆雖是當地最主要的經濟作物，卻大多數外銷，除了專門的咖啡館或是大飯店，你很難喝到道地的咖啡。記得有一次班哲明要求續杯，黑人酷廚師難得開口了，卻只吐了一個字：「Again?」給了班哲明一個白眼轉身掉頭就走，惹來其他人大笑不已。總之，談不上任何的品質，只是一個棲身之所罷了！不過跟山上的住宿條件相比已經令人安慰，把這樣的特殊遭遇當作笑話來看，就輕鬆許多。

坦尚尼亞的物價和肯亞不相上下，我本來預期東非國家物價很低，我們應該可以盡情血拼才是！但其實跟台灣差不多，有些東西甚至還更貴。例如：快餐店的一份餐點要價相當於台幣一〇〇至一五〇元，一支霜淇淋折合台幣約四十五元。你沒聽錯！我也沒說錯！就是類似台灣麥當勞的霜淇淋。

我心想快餐店的消費一般非洲人怎能負擔得起？後來才知道物質缺乏導致物價居高不下，這是外國觀光客及非洲少數人才吃得起的高級食品。

三嵐港有許多的回教徒，從它的英文地名（Dar es salaam），就隱約嗅出它濃濃的回教味。我們住的旅館附近有清眞寺，所以到處都有回教徒聚集。清眞寺四周都設有大喇叭，一大早就將回教徒的誦經聲透過音響傳至各地。奕良很淺眠，他抱怨被誦經聲打擾清夢好幾次，神經大條的我則一覺到天亮！「好吃好睡」這種平凡的幸福，對許多現代人來說，是一種奢求。

「Hakuna Matata」是史瓦希里語，「沒問題」的意思。
「大聲跟自己說Hakuna Matata，沒問題！隨時保持自信。」

旅程中總會發生一些瑣碎來影響你。有人遲到了、下人雨了、錢包被偷了⋯。該發生的事還是會發生！永遠保持正面思考，別讓一些小事壞了你的心情。

第十八章 CHAPTER 18

WAMATO的震撼

經過一整天的休息，今天我們前往此次服務學習的慈善組織WAMATO進行參觀。該組織由退休醫生朱華夫婦所創立，目前在坦尚尼亞三嵐港地區扶助許多的貧苦民衆，這個組織設有一間WAMATO學校，免費提供貧童讀書及餐食。WAMATO組織的經費大部分來自加拿大基督教兒童福利基金會（CCFC）補助。但這樣的經費只夠支付學校老師薪水及貧童的餐食等經常性支出，必須再靠其他捐款及朱華夫婦的自籌款，才勉強可以平衡，相當拮据。

朱華夫婦首先帶我們造訪WAMATO學校，恰好看到我們捐助的廁所也正在積極趕工中！原本學校只有四間廁所，下課時在廁所前常見同學大排長龍，顯然四間廁所對二五〇名學生是不夠。校園裡有五間教室，在大樹底下還有一面黑板及數排課桌椅，教室容納不下的同學就坐在大樹底下聽課。其餘設施也相當簡陋，教職員工的辦公室是貨櫃屋改裝，又沒有冷氣，非常炎熱。

辦公室旁有一間小型診所，每週固定一到二天爲村民義診，我們恰好碰到義診日。朱華女士說：「這裡有很多都是愛滋病患，有的是交叉感染，小孩一出生就有愛滋病，非常可憐！」據了解愛滋病患者在非洲有些國家佔極高比例，以最嚴重的波札那爲例，高達三八％

WAMATO學校因為人數太多，有些學生必須在操場上課

以上的成年人是愛滋病患者，幾乎是「三人行必有愛滋」，令人咋舌！

「如果不吃飯十天你會死掉，而得到愛滋病你十年才會死掉，你會選擇前者還是後者？」貧窮導致有許多女性選擇用最原始的本錢來生存，加上沒有正確的防治觀念，造成愛滋病在非洲肆虐蔓延。

接著我們又去了WAMATO所扶助的一些貧民區，在那個地方我看到有許多「半成屋」。意謂房屋的初步結構體已有，但沒有鋪上磁磚或外牆等裝飾，任由鋼筋水泥裸露在外。我很好奇爲何這個社區有如此多那樣的房子？後來才知道是因爲內戰，使得物價飆漲，幣值縮減，居民蓋到一半沒錢蓋只得停住了，我看到有許多人都是住在那樣的房子裡。印象最深刻的是有一個婦人共生了七個小孩，其中大女兒用圓滾滾的眼睛盯著我們，另外三個孩子圍在地上吃著一盤飯，盤子裡就是白飯拌一些紅蘿蔔和幾尾小魚，魚薄到只看見骨頭。這突然讓我想起在Hell'

「如果不吃飯十天你會死掉，而得到愛滋病你十年才會死掉，你會選擇前者還是後者？」

圖為教職員辦公室及醫療所，病人在貨櫃屋外頭填寫基本資料後，再進入看診。

半成屋

正在哺乳的婦人

魚骨飯

s gate 地獄門國家公園所吃的「夢幻排骨飯」。她們用手扒飯吃，蒼蠅停在飯上，遠看好像一堆「葡萄乾」在飯上。附近的小雞也三不五時偷跑來叼幾顆米。但這些孩子似乎習慣了，絲毫不以爲意，臉上仍然洋溢純真的笑容。我看到這樣的場景，心頭一陣酸！一定有什麼樂觀的基因在他們身上吧？身處這樣環境還能笑得那樣燦爛。無論是誰覺得自己不夠幸福，都可以來這裡看看！或許你會對生活有不同的理解。

糟糕的情況尚不只如此，這個婦人最近生了三胞胎，兩個被放在地上，抱著那一個嬰兒明顯瘦小許多，嚴重營養不良，據說醫生判定他將活不過一個月。我們陸續去了幾個地方，都是類似的情況，這種情況在這裡比比皆是。有人或許會問：她們的男人呢？有些男人不流行負責任，拋妻棄子，再也不會回來了。

坦尚尼亞的貧富差距相當嚴重，後來我們又去了另一個WAMATO扶助的貧民區，也看到高級別墅就矗立在旁邊，別墅用高牆圍著，深不可測，而旁邊就是貧民住的地方。他們克難的住在用木板或鐵片搭建的屋子裡，用參差不齊、不同顏色的木板拼湊而成，我稱它爲「拼圖屋」。高級別墅跟拼圖屋僅有一牆之隔，感覺卻很遙遠，這樣強烈的對比令我印象深刻。我好奇這些有錢人怎麼看待自己的同胞呢？後來朱華女士告訴我們：「有錢人很少幫助窮人，甚至還排斥他們，否則就不需要我們WAMATO組織了。」

後來到了一個地方，近三十坪卻住了四個家庭，環境雜亂不堪，看起來如同廢墟一般！令人不忍卒睹。此時屋主的大女兒，剛好從二公里外提水回來，在非洲很多地方，提水是女孩子的責任。她長相清新脫俗，與當地格格不入。奕良想要幫她拍

張相片徵求她的同意時，意外被打了回票！她不喜歡拍照，跟一般非洲人看到相機趨之若鶩的反應不一樣，從眼神中我可以感受她的不同。

接連我們又看了好幾個地方，都是上演同樣的劇情，只是不同場景。剛開始出門大夥都還有說有笑，一幕幕的景象，大家變得越來越沉默。

結束WAMATO安排的參訪後，我們回到三嵐港的市中心。街上有一些乞丐，我看到就給一些零錢，這個動作讓我有了麻煩，他們一擁而上，讓我不知所措。就如一位夥伴所說：「看到最後都麻痺了！」的確窮人那麼多，救都救不完！我想起剛剛才去過的一個村莊，村莊裡有一個小攤販，上頭擺了一些蔬菜水果，沒有大人，只有五個小孩一起顧攤子。我們把攤架上的蕃茄全部都

圖為WAMATO組織所扶助的貧民區，三個小朋友圍著一盤魚骨飯，與滿天飛舞的蒼蠅，地上的小雞共食。

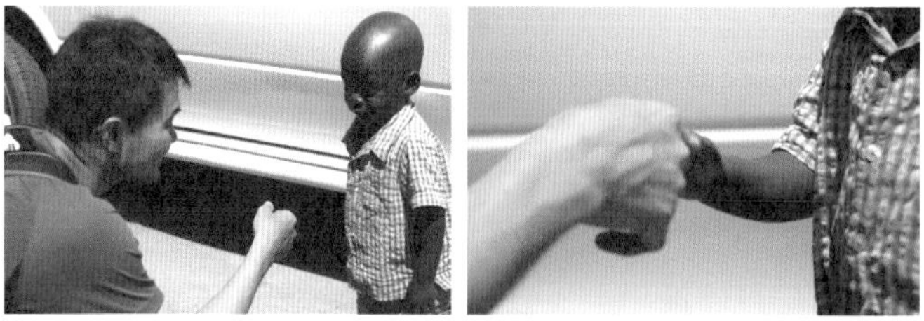

從陌生→害羞→接受，遠從五千公里外飛來的一群台灣研究生，正努力消弭種族藩籬，建立友誼。

買下來，目的是想讓小朋友把東西賣完，早點休息。不料過不久他們又拿一堆蕃茄擺上攤架。

上帝眞的遺忘他們了嗎？爲何創造非洲又忘了眷顧非洲？我很慶幸我生在台灣。我們現在所能做的，就把他們當做有緣人，盡些綿薄之力吧！

中午我們找到一家快餐店吃飯，貴得嚇人！一份速食要價美金五元，服務人員的態度又很差。如果你認爲非洲國家的物價便宜的話，你可能要大大失望。遇到又貴服務又差的餐廳，加上今早的所見所聞，我的情緒一直很低落！我望著身旁的好甄說：「我好想回家！」她居然回答：「你怎麼跟我想的一樣？」我們兩個人相視苦笑。的確面對一切無法掌握的狀況，大家有著相當程度的失落感。

拼圖屋，與富人的別墅僅有一牆之隔

漫遊三嵐港

用完餐後，大夥決定利用空檔出去走走。恰巧今天是星期天，大部分的商店沒

神啊！你真的遺忘了我們嗎？為何創造非洲又忘了眷顧非洲？

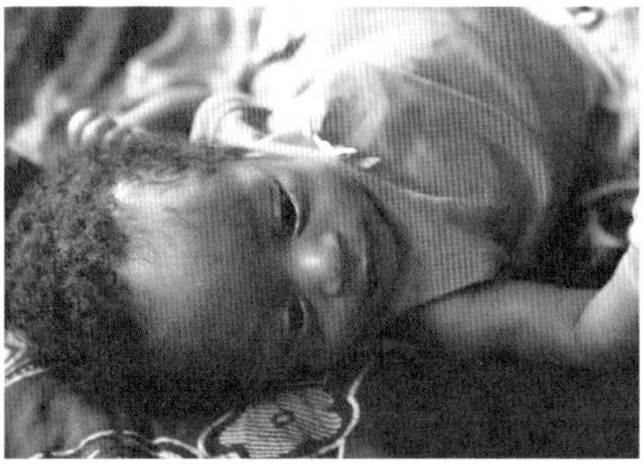

我們本來想把攤架上的蕃茄全部都買下來，目的是想讓小朋友早點賣完回家休息，不料他們又拿一堆蕃茄擺上攤架。「原來自以為是的方法，還是要經過深思熟慮。」

開張，這一點跟台灣截然不同，台灣的商店假日都不捨得休息，準備迎接錢潮，而非洲則是除了一些飲料及雜貨店，鮮少有商店開張。不同的文化差異，不同的思維，你可以說他們重視休閒，也可以說非洲人不太懂得賺錢！

我們還是到處閒逛，途中經過一個小公園，突然看到一隻孔雀在路旁棲息，大家都睜大了眼睛！後來一路上又發現好幾隻，原來坦尚尼亞的孔雀在馬路上隨處可見。我們還經過世界衛生組織（WHO）的坦尚尼亞分部，大家提議一定要拍照留念，以彌補日前台灣無法進入世界衛生組織的遺憾。我刻意把TANZANIA後面的NZANIA等字母遮起來，露出TA二字，象徵TA—IWAN，台灣加油！下次一定會成功。

我們帶著簡單的旅遊地圖，悠閒逛著。途中經過坦尚尼亞的許多公務機關，包括總統府等。由於心情很輕鬆，我和筆強還促狹地留下一張「定情照」。

後來一路逛到港口，人山人海，原來假日人潮都跑到這邊來了。路旁攤販賣的東西幾乎雷同，大多是冰淇淋、章魚及炸魚的攤子，可以猜出這是當地最熱門的零食。不過他們將生食和熟食都擺在一起，炸魚的油又黑到不行，我眞是不敢恭維。

不過，筆強倒是發揮軍人大無畏的本性，勇往直前嘗試當地的章魚片，大夥都很好奇看他咀嚼過後強顏歡笑的表情，不用我多言，應該可以猜得出味道如何了！

我們散步回旅館，也暫時忘掉早上參訪的畫面，從明天起我們將進行爲期兩天的服務學習。

驚世駭俗的「軍官」與「警官」之戀！
別緊張！只是借位而已。

第十九章 CHAPTER 19

我們不僅是施者，也是受者

手抓飯初體驗

今天是團隊正式展開服務學習的第一天，昨天一整晚我們都在旅館內討論、準備與現場模擬，準備和這些學生進行互動式的體驗學習，教這些學生如何使用相機拍照。由於接送我們的司機今天遲到了，我們比預定時間晚一個小時才到WAMATO學校。

趕到學校時，學生已經集合完畢。一開始大家手忙腳亂布置場地，所幸在一陣慌亂後終於就緒。在WAMATO學校的學生很多，將近二五〇人，年齡差距也很大，從八歲到十六歲都有，學校遴選出八十位年齡適合的同學來參加我們的活動。首先由奕良及妤甄擔任主持人，妤甄透過電腦簡報讓同學瞭解台灣的位置，台灣與坦尚尼亞之間的距離，台灣的特色、飲食、風景及親切的人民。

接著我們搬出台灣募捐來的十二台相機，開始教同學如何使用相機。首先我們先問同學有沒有碰過相機？八十位同學只有一個人舉手，可見相機對他們而言，非常陌生。奕良先介紹相機的使用方式、操作技巧及使用安全等注意事項，並讓每位同學都能實際操作相機。

同學們幾乎都是第一次摸到相機，感覺很新鮮，對他們而言，相機是遙不可及的夢想，對

圖為雅期與Porridge

圖為在教室外等Porridge的同學

相機的好奇也不難想像。他們一開始都非常守規矩，一個接一個輪流來使用相機，規矩好到令人意外。但畢竟是小孩子，原來是剛開始怕生，熟了以後大家就原形畢露，開始搶著把玩相機，計較誰玩的時間過長或過短。我見識到他們由一開始的靦腆羞澀→伸出觸角→適應→融入，到搶成一團的過程，最後我們還得幫忙維持秩序。

在學校裡，每天在十一時左右會提供學童一種名爲小米粥的食物(Porridge)，這算是學校提供的早午餐。今天正好看到同學在吃小米粥，我好奇嚐了一口，口感有點像沒有米粒，煮得很爛的稀飯汁，不過味道甜甜的，口感還不賴。

爲了迎接遠道而來的我們，今天學校幫大家準備一頓午餐，這是WAMATO學校的熱情招待。內容是羊肉、蘿蔔、洋芋加在一起的綜合炒飯，對他們而言，這是很豐盛的一餐。同學們也共同享用這頓午餐，同學都很期待，全部心甘情願地排隊來等這頓飯。

當地人習慣用手抓飯吃，只見他們熟練地將飯捏成一團，俐落塞進嘴巴裡。我本來還猶豫，

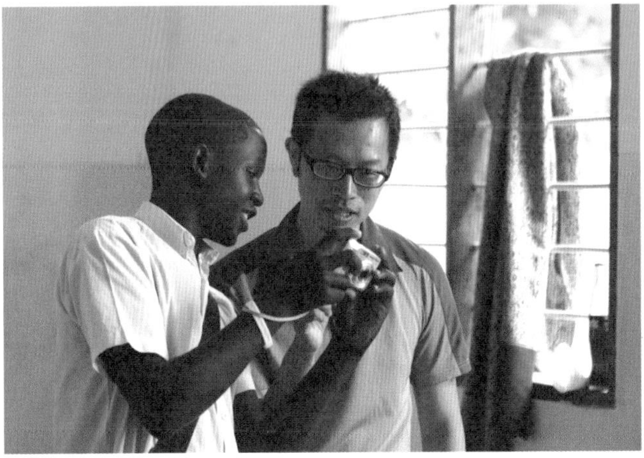

大家在非洲的手抓飯初體驗，改變其實不難

左上圖為WAMATO原先的廁所。
右上圖為我們捐贈的廁所正在趕工中。
下圖為廁所完成照片（我們回國後，WAMATO傳給我們的照片）

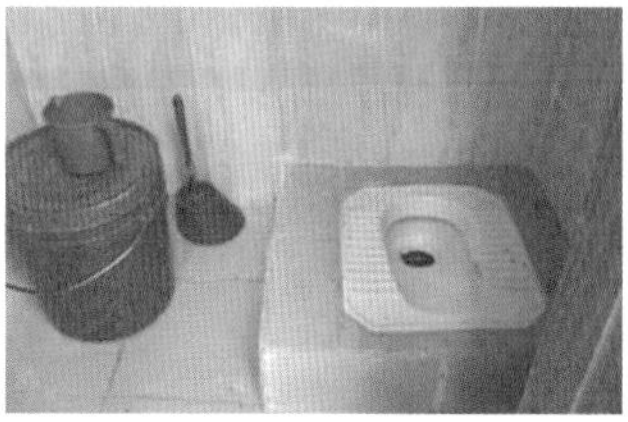

想偷偷地把自備的湯匙拿出來用。不過小謀老師堅持要我們「入境隨俗」。我的技巧太差，沒辦法把飯捏成一團，所以一頓飯吃下來，飯掉滿地。但味道眞是不賴，所以我心甘情願又續了一盤手抓飯。

富而好禮的台灣人，沒白吃這一頓午餐，我們堅持要付錢，而且還是負責所有的開銷，最後算是我們請所有人吃飯。另外我們捐助的五千美元，總共爲學校蓋了六間廁所。原先的四間廁所不僅簡陋且早已不敷使用，我親眼看見學生下課時大排長龍上廁所的情形，想必等不及的學生會想辦法「找地方」上廁所，可能會因此污染水源而引發傳染疾病，造成衛生問題，這是學校的隱憂。我們捐助的廁所已接近完工階段，正好解決學校的燃眉之急。

他們的廁所只有一個小洞，小到不能再小了，不知是不是怕有人會掉到洞裡去才會有這樣的設計！原先的廁所沒有

任何的蓄水沖洗設備及下水道，比起我們國內最差的公廁都不如。但是洞眞的太小了，連我這種受過專業訓練，打靶那麼準的波麗士大人都不免「脫靶」，難怪廁所裡無時無刻充滿著阿摩尼亞的味道。更弔詭的是，廁所旁邊沒有洗手台，我們到當地才知道這次我們的捐款只是純粹蓋廁所，卻不包含洗手台，如果要加上洗手台，另外再加四〇〇元美金。依一般認知，廁所跟洗手台不同樣是盥洗設備的一部分嗎？這讓我體驗到非洲和台灣邏輯不同之處。難怪廁所裡常常可看到 桶水，讓人如廁後可以洗手。

結束相機教學活動後，眼見還有一些時間，我們便開車四處走走，去體會坦尚尼亞三嵐港的熱帶風光。這個旅程沒有安排「血拼時間」，我們只得利用空檔時間買一些紀念品，好回台灣交代。

我們不僅是施者，也是受者

今天我們繼續在WAMATO學校進行服務學習，昨天已經講解相機的使用方式並讓小朋友實際操作，今天我們要帶小朋友到戶外去拍照。我們分成四組，我和少康這組共有二十個小朋友，我讓他們自由選擇拍攝的主題。請他們將他們最喜歡及不喜歡的東西拍攝下來，並分享理由。

我希望藉此能提供他們不一樣的思考，針對不喜歡的東西，思考如何改變？小朋

友喜歡的東西很多，有小朋友拍了好朋友的照片、黃牛、小狗、沙灘及雜貨店。其中有一個小朋友拍了一坨牛大便及一個人在路邊便溺的照片秀給我看，他說那是他不喜歡的照片。當我問他會如何改變這種情況？他揚起嘴角停頓一下，靦腆地搖搖頭，最後我也笑笑沒給答案，但他們終究會知道的。

貧窮的人實在太多，光憑我們幾個人的力量實在有限，能幫助多少人？改變多少現狀？充其量只不過能幫助一些有緣人，等我們離開坦尚尼亞之後呢？我回到台灣繼續過我的好日子，他們繼續過他們的苦日子，一切終將歸於平靜。突然驚覺我們的服務其實既短暫又膚淺。但脫離貧窮還是得靠自助，教育則是脫離貧窮的最好方式之一，要改變生活要靠教育，改善環境也要靠教育，要防止愛滋病也要靠教育。我心有所感跟同行的麗莎老師說：「你們對小朋友很重要，教育可以改變一切。」她微笑著點頭，但不知道她是否聽進去了？我曾經因爲一句話而改變，相信他們一定也可以。

同學帶我們到海邊，小朋友沿途拍攝許多相片。沿途我和麗莎老師邊走邊聊，他問我幾歲？台灣好不

好玩？做什麼工作？她似乎對我們台灣人很有興趣。後來她說她很窮要我幫助她，希望我能送她相機及電腦。她們的刻板印象就是台灣人很有錢，有能力可以送她許多東西。只是讓我意外的是，她是以老師的身份放下自尊要求我捐助她。後來想想，麗莎老師只不過是眞實表達她的慾望，沒有修飾而已。臨走前她還一直不忘貼近我身旁「提醒」剛剛的事。

相機教學結束後，應WAMATO體育老師的熱情邀請，我們和當地教職師生進行一場足球友誼賽。足球是當地最時興的運動，在非洲各地，不管什麼場地，只要有一顆足球，用兩塊石頭隔開代表球門，就是一場熱力十足的街頭足球賽。

我們穿著厚重的登山鞋，跑也跑不快，跳也跳不高，但盛情難卻，爲了不掃興只好勉爲其難答應，但心中想著以「不受傷」爲最高指導原則。球賽在歡樂的氣氛下展開，兩邊的啦啦隊也很賣力加油吶喊！不過WAMATO學校的女老師倒是出人意料的神勇，赤腳也能踢，而且拼勁完全不輸男性，令人嘖嘖稱奇！

突然間坦尙尼亞隊率先起腳，先馳得點攻進一分！易門再戰，經過數個來回，雙方都無功而返。突然間我接到班哲明給我的一次妙傳，我帶了兩步想都沒想就往球門補上一腳，居然莫名

奇妙踢進一球。大家互相擊掌，雀躍不已！比賽時間結束，一比一戰成平手。我原本想這應該是完美的結局，坦尚尼亞隊卻希望加賽十分鐘，因爲足球是他們的國球，這個結果他們不太滿意！我們只好客隨主便。雖然是友誼賽，大家開始卯足全力在拼！骨子裡還是有不服輸的精神，較勁意味濃厚。坦尚尼亞雖然跟我們沒有邦交，也素無恩怨，在這個節骨眼，愛國心油然而生。其實此時大家體力都已經消耗殆盡了，只是在場上亦步亦趨拖時間而已。坦尚尼亞把握最後一次機會又攻破球門！最後比數二比一，「坦尚尼亞WAMATO隊」險勝「台灣NTSU雜牌軍」。問我在不在意輸贏？我說開心就好！

結束後我們請所有的小朋友排隊拍照，請他們擺出最好看的姿勢。我們大老遠從台灣帶來印表機和電腦設備，計畫送給每位小朋友一張照片留作紀念，回飯店後我們立即將拍攝的二百多張照片列印出來。我們買不起高檔的照片印表機，只能用廉價的印表機一張一張慢慢列印，還得老天爺保佑千萬不能讓印表機出狀況，否則就前功盡棄了！所幸印表機也很善解人意，一切都很順利，當天一直熬夜到深夜兩點才將所有的照片產出。

在坦尚尼亞的最後一天，WAMATO的同學們在外列隊，唱了一首史瓦希里語的歌向我們告別。

隔天我們將照片一一送給他們，這是他們人生第一張照片，他們看似表情木然，但在接下相片的那一剎那，仍然掩不住內心的喜悅。我們的目的就是要讓他們開心度過這兩天，從他們的眼神中我看到了。這兩天的過程，對彼此來說，都會是一段難忘又特別的回憶。離開的時候，所有的同學在外面列隊送我們，唱了一首史瓦希里語的歌曲祝福我們一切順利，我們也回敬他們一首「萍聚」。

WAMATO的老師告訴我：「我們是很特別的一群捐贈者，和一般只是捐錢、參觀、握手的捐贈者很不一樣，跟學生有許多的互動。」小謀老師也特別提醒我們，幫助不能有施捨的心態，也必須顧及接受者的尊嚴。同樣生而爲人，不同的膚色，生長在不同大陸，我們不虞匱乏，他們卻三餐不繼，這是上天給我們的幸福。貧窮可憐的人當然有很多，世界各地都有，但身歷其境的感受尤其深刻。

也許我們能做得不多，但只要願意，服務的心是可以跨越語言、種族等障礙。

連加恩在一場演講中，曾有人問他：「到非洲投身志工服務需要具備什麼條件？」「只要你覺得自己是幸福的人，你就有條件去非洲參與服務。」我們去服務他人，不經意也從被服務者身上學習，所以在某種角度上，我們不僅是施者，也是受者。

朱華女士，WAMATO創辦人之一，笑容總帶有一縷淡淡的憂鬱，彷彿是對WAMATO的未來感到憂慮。在最後一天她盡地主之誼，帶我們到當地的手工藝品店去買紀念品，也帶我們去逛三嵐港最大的購物中心，眞是體貼入微。

我開始想家，想念台灣的家人、食物、環境及一切。離開台灣才知台灣的好，這是體驗後才有的眞實感受。眞不知爲什麼有些人開口閉口要移民海外？慶幸的是，我終於快回到我可愛的家了。對旅人來說，回家是最難的一部分，也是最期待的一部分。

第二十章 CHAPTER 20

非洲之行最終篇

今天是我們在非洲的最後一天，沒有安排任何行程。我依舊起了個大早，眼見夥伴都還在補眠，獨自下樓吃早餐。現在我很享受有個地方可以坐下來，寫寫紀錄、或發呆也好，總之，什麼都不做就感覺舒服。看路上行人往來穿梭，靜靜觀察非洲人的生活，一個人揹著背包流浪，沒有目的地閒逛，面對完全陌生的人事物，看到新鮮的東西就隨時停下腳步，看到特別的東西就嚐一口，四處走走停停，我發現在非洲越來越能享受這種獨處的感覺。

當時我完全沉浸其中！獨處就是自己和自己相處的過程，也是一種生命的成長與學習，一個人單獨面對自己、面對自然，不管在山中或是城市，過程中我從「忍受」孤獨轉變成「享受」孤獨。盧梭曾說：「我獨處時從來不感到厭煩，閒聊才是我一輩子忍受不了的事情。」我的感覺雖然不像盧梭那般極端，但在當時確有某種程度上的契合。生活中隨時隨地都能獨處，如何善用獨處，思考對生命的認識、思考讓自己幸福的方式，那才是獨處眞正的意義與價值。我想起一句話，很有意思：

「請不要害怕和自己在一起，自己真的沒有那麼可怕，只是我們不太習慣而已。」

當我坐下來不久，班哲明就出現了。他一如往常早起，和我打招呼後，穿著短褲及慢跑鞋，準備去跑步。他一直保持運動習慣，用運動寫日記，數十年如一日，外表完全讓人猜不出他的年紀。特別的是，在這廿二天的非洲行，常見他主動的服務別人，穿梭在任何場合協助他人。其實他大可用不著那麼累，跟一般人一樣用「指導」來取代「服務」，也由於這樣的個人特質讓我對他印象深刻。

其實領導和服務僅有一線之隔，領導者必須瞭解被領導者的需求，並適時提供服

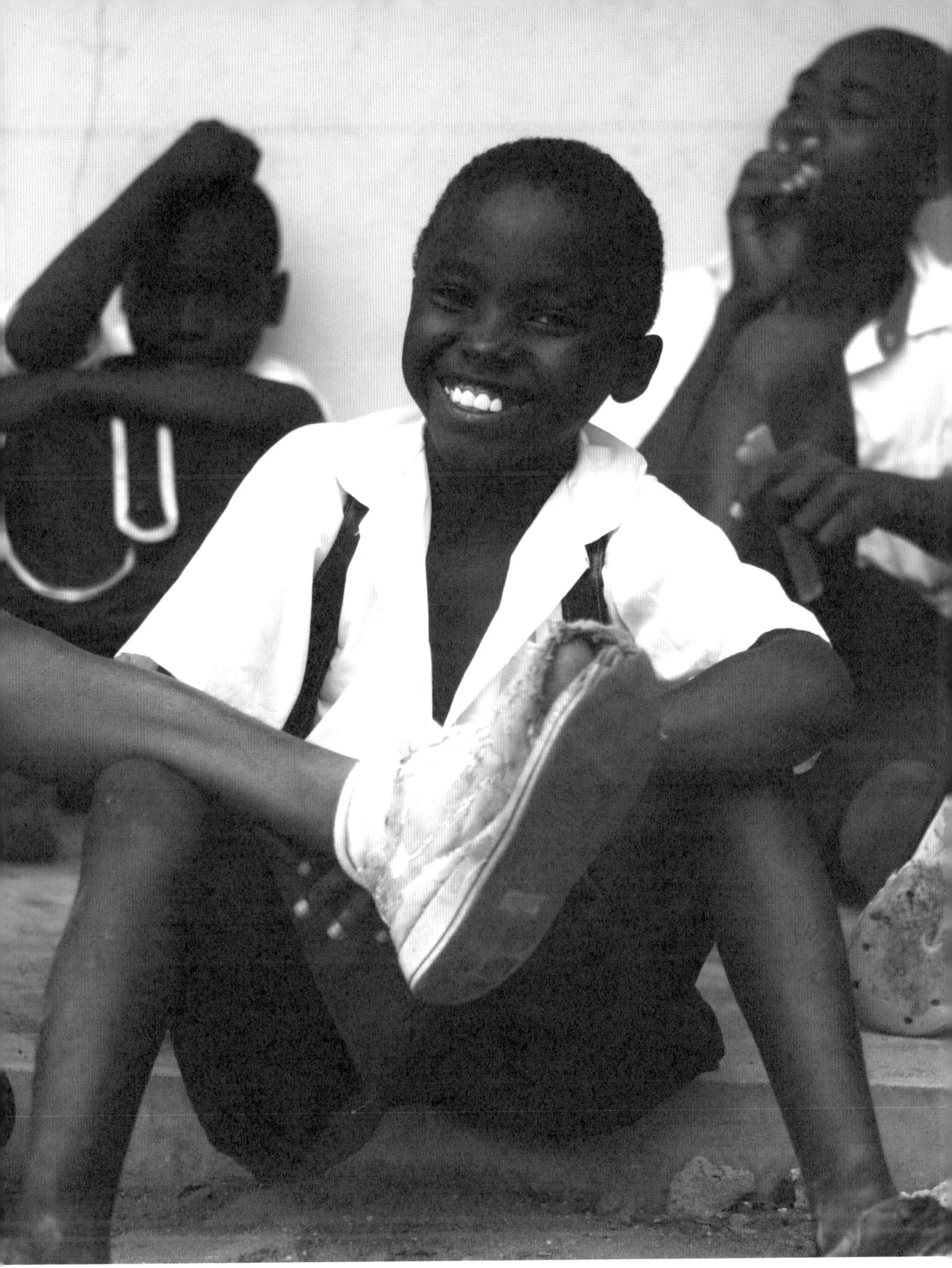

「懂得微笑的人，即使鞋子 「開口笑」了，他仍是富有的人。」
謝謝你，讓我上了一課。

務，讓被領導者能夠心悅誠服爲共同的目標全力以赴，這就是僕人式領導。

但這樣的領導方式要眞正付諸實踐，其實並不容易。

旅館的服務是否也是數十年如一日？一顆煎蛋，兩片看似過期的土司，加上不能續杯的奶茶或即溶咖啡，連滿足基本生理需求都成問題。値得一提是它的紅茶風味獨特，完全眞材實料，不是即溶包，也不加糖，讓人想再續杯！不過此時我腦海中浮現班哲明硬生生被拒絕續杯的畫面，於是就退縮了！後來我不願再恭維他們提供的早餐，從第二天開始，就到附近去找尋其它的早餐店了。

非洲可以選擇的飲料還眞不多，不像台灣街上各式各樣的飲料店琳瑯滿目，非洲街頭最普遍的就是蘇打水，可樂雪碧到處都有。非洲人把進口蘇打水當作是時尚的飲料，有點像早期的台灣社會。我在國內鮮少喝可樂，在非洲短短二十幾天我卻喝了不下十瓶，大概抵得上我在台灣好幾年的份量吧？此時我想到一位同事，原本大學時代是馬拉松健將，後來就是因爲每天喝好幾瓶可樂，導致如今癡肥的模樣，讓人實在很難想像他的「當年勇」，想到這裡我就完全克制喝蘇打水的慾望。

我們預計搭下午三時的飛機，先到奈洛比，轉機到香港返回台北。我們把握住最後一天，有人提議要再到當地的手工藝品店逛逛，我立刻打電話給駕駛先生，他爽快地跟我說半小時就到，大家一起在樓下餐廳等他，但過了半小時仍不見人影。這當中我連續又打了三通電話給他，每次他都跟我說：「快到了！快到了！」而半個小時又半個小時，我們卻只能等待而無計可施，這位司機已經算是我此行遇到最準時的非洲人了，幾乎每次都提早到飯店等我們，我應該要知足了。

在山上，等待落後的夥伴、在狹路上等待擦肩而過的山友、等待巴士、等待下個行程、甚至等待「嚮導」！起初我非常不以爲然，後來我逐漸瞭解：「這就是非洲！」在非洲，一切不能以台灣的行事模式來思考，非洲人步調慢、做事隨興，好像只要把

登山是一件學習「緩慢」的事，當你瞭解它「快不得」的時候，便會專注在呼吸及步伐的調整上。生活中你也必須分辨事情的輕重緩急，專注在最重要的事情上，循序漸進完成。

事情做完，至於時效及品質則不在他們的考慮範圍。小謀老師說了一句很妙的話：「我們有手錶，非洲人有時間。」在這裡，下一刻永遠是未知數，我們只能選擇諒解並接納。

我突然體會「等待」不也是這次非洲之行的學習嗎？

一個半小時後車子終於來了，有些人等得不耐煩決定不去，但有人還是想去逛逛。雖然時間有點趕，大家都希望能把握最後一段時間，買些紀念品回國送給親朋好友。不過我們已沒有太多時間，來去匆匆，加上前往的市集超級難殺價，行情都被歐美旅客給破壞了。我一直念茲在茲的馬賽桌巾，由於店家開價太貴，最後我實在買不下手，有點小遺憾，只能拍張照片回憶了。

我們即將踏入歸途，臨走前朱華女士到機場爲我們送行，還送我們每人一條印有坦尚尼亞國徽的小方巾，讓大家驚喜又感動。在社區裡每個人都叫他Mama，一個全心爲WAMATO付出的偉大女性，Great Mama！誠摯祝福妳和WAMATO一切順利平安。

朱華女士在機場為我們送行。
德蕾莎修女曾說：「真正的愛，是需要付出代價，不是溫馨的假道學，而是生命碰撞與交流所產生的火花。」

後記
THE END

從非洲回來，有朋友提議我把這趟旅行出版成書，對計畫本身而言，這當然是件好事，但我始終覺得這檔事離我太遙遠。直到研究所畢業，在友人及老師的鼓勵下，才有重拾紙筆的念頭，我利用工作之餘陸續完成，距離非洲之行已經三年了。

人一旦接觸陌生環境，感官就會更敏銳地去觀察周遭的變化。去掉看電視及用電腦的時間，相形之下我們的五官就會用得更多，讓人更專注於思考，許多學習與反思就從這裡開始！去異地學習就是要讓我們的感官全展開來，經由與不同國家、種族、文化的接觸與交往，你會對這世界產生不同的了解，從中獲得的知識及經驗都可能讓你一生受用無窮，這是極爲特殊的生命體驗，也是海外冒險教育課程的可貴之處。

在非洲的二十二天裡，我關掉手機、沒有電視、也沒有電腦，這些原本在我生命中很重要的休閒，在非洲被迫中斷。原來去掉這些東西，日子還是一樣可以過，生活變得簡單而純粹。後來回國我毅然決然將家中的有線電視停掉，以前被電視綁架了，這是從來都沒想過的事，如今看來似乎也沒什麼大不了。

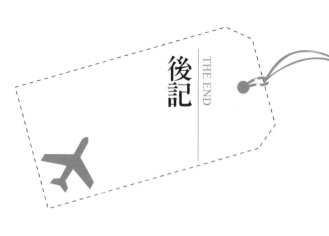

眞正有意義的冒險是可以彰顯人性的光明面，過程中你會看見令人感動的情操及精神，超越人性，這才是一個有價值的冒險活動，不光只是追求某一個目標而已。我想起《三杯茶》書中的一段描述：「普瑞特和馬紹爾是眞正的英雄，他們放棄攻頂，只爲救凡思下山…」

在過程中我也看見這樣的精神，團隊間的互助與扶持俯拾皆是。我永遠記得在吉力馬札羅火山登頂前一天，當我出現高山症狀頭痛欲裂時，夥伴對我的細心照顧，當時甚至有人願意放棄登頂陪我下撤！那一幕至今仍讓我感動不已。我深深了解這樣的情感是在其他的團體難以看到的。這種友誼的培養、蘊釀及發酵的過程，是我們原先

意想不到的，也是冒險教育的另類價值之一。這是在其他攀登隊伍難以看見的事，以商業利益爲主的攀登隊伍，人與人的信任及友誼很少眞正存在，登頂目標超越一切。

常有人問我：這次計畫如何改變我的生活？首先，這個計畫開啓我冒險的因子，它告訴我「夢想長在腳上，而不是嘴上。」以前我的夢想都僅止於發夢階段，然後再找各種藉口退縮，如今我學會如何逐步實踐它。我開始挑戰自我，攀登百岳持續向大山學習。我還騎單車環島、泳渡日月潭、跑馬拉松。或許很多人認爲是自討苦吃，我卻樂在其中。因爲我體會到這些活動不光只是體能，過程中有更多的心靈對話在裡頭，這才是冒險活動令人著迷的地方；工作方面，我學會坦然面對令人不愉快的人、事、物，在以前我可能會直接表現不悅或選擇逃避，現在我把它當成一種考驗，試圖去尋找相應之道。我學會對事情不再執著，學會以不同角度看待事物，懂得順勢而爲，避免驟下定論。

其次，我對教育也有了另一層領悟。以往出遊總是住飯店、走景點、嚐美食的刻板模式，現在我開始帶家人親近大自然，嘗試帶家人露營並學習體會山林之間的樂趣。我曾聽過有些城市小朋友連踩到沙子都嫌髒，眞是不可思議！但我也看到有家長肯花一筆大錢讓小朋友到國外進行農村體驗之旅。以前的人怕被嘲笑是鄉巴佬，現在的人卻努力成爲「鄉巴佬」！

這樣的家長已算有先見之明，但何不暫時放慢腳步給自己一個長假，親自帶小朋友去冒險？脫離舒適圈共同挑戰一個曾經想過卻難以企及的目標。（例如：去挑戰一座百岳、騎單車環島）不要因爲小朋友嫌痛嫌累就縮手，也可以去體驗一下飢餓的感覺，去體會過程中所遭遇的自我極限、挫折、衝突、沮喪及無力感，並享受完成目標的喜悅及成就感，那是花再多錢都無法買到的親子經驗。相信對小朋友而言肯定是一段難忘的回憶，而你自己呢？收穫或許比小朋友更多！

寫此書的初衷，是希望將此計畫的歷程經驗分享，讓大家認識國立體育大學有這樣一個特別又有意義的冒險教育計畫。冒險教育絕不是如坐雲霄飛車或高空彈跳尋求刺激而已，它的眞正意涵在於體驗與學習後的反思與改變。

誠如我的指導教授冠璋老師所說：「**山的魔力不斷延續，從Kilimanjaro、Batian、Nelion、Lenana，然後再到我們身上。我們踏著岩石上山，踩著冰雪下山，雪岩改變了，踩過雪岩的旅人也改變了。**」

或許我的改變不全然是因爲這個計畫，或許是我的生命恰好到了應該「成熟」的階段，但我瞭解計畫中的體驗的確是關鍵所在。我開始體會到在生命中所發生的每件事，不論好壞，都足以滋養我的心靈，重點是你如何看待它，我爲這樣的成長感到驕傲。

最後，感謝所有參與及支持這個計畫的人，感謝小謀老師及冠璋老師的指導與鼓勵，感謝吉力馬札羅的夥伴，這本書因爲有你們的故事而精彩；感謝老婆大人，直默默支持我這個愛做夢的老公；還有兩個女兒，妳們的乖巧讓我無後顧之憂。

這本書是記錄一個平凡人給人生的一次感動，每個人都應該去追求讓自己生命精彩的機會。去著手規劃你的人生壯遊吧！只要你願意，這件事距離不會太遠，也永遠不嫌遲。

「勇氣賦予人們天份、力量及魔力。」——歌德

吉力馬札羅之後

非洲之行後，夥伴們定期聚餐，也沒忘了定期冒險。在這個團隊裡談「冒險」，你會有共鳴，在其他地方就不一定看得見。團隊先後舉辦：十二月的陽明山大縱走、二○○九年六月的單車環島及九月的泳渡日月潭等活動。我們將非洲冒險歷程及照片製成筆記本作爲紀念並舉行義賣，大家決議將義賣所得全數捐給資源較爲缺乏的東部三所家扶基金會，還有非洲坦尚尼亞的WAMATO組織。我們利用單車環島的機會將義賣所得親自送到宜蘭、花蓮、台東的家扶基金會，還在宜蘭家扶基金會和即將去挑戰喜馬拉雅山基地營的家扶同學們，分享我們的冒險經驗。

我們的計畫結束了嗎？只要有心，精神仍會存在，再以不同的形式繼續。

國立體育大學的冒險教育計畫當然也沒結束！從二○○五至今已邁入第七年，且未曾一年中斷。這是計畫領導人的堅持，希望能持續影響「勇敢做夢並努力實踐夢想」的學子。

這門課沒有傳統教室的框架，大自然就是教室，我們師法大自然，向大自然學習完全不設限。對所有的參與者而言，這個計畫肯定是一生難忘的回憶。我期待所有冒險活動的參與者都能如本計畫般，從中體驗並獲得反思。珍視自己的歷程經驗，從中了解自我的核心價值並發揮自己的特質。同時也能在多樣化價值觀中，看見自己所擁有的能力，找到自我實現的道路。

擁抱吉力馬札羅的天空 : 愛、關懷與冒險 / 金治華著. -- 初版. -- 臺北市 : 華品文創, 2011.10
面 ; 17×23公分
ISBN 978-986-86929-7-8(平裝)

1.遊記 2.旅遊文學 3.非洲

760.9 100018408

華品文創出版股份有限公司
Chinese Creation Publishing Co.,Ltd.

《擁抱吉力馬札羅的天空——愛・關懷與冒險》

作　　者：金治華
總 經 理：王承惠
總 編 輯：陳秋玲
財 務 長：江美慧
印務統籌：張傳財
美術設計：vision 視覺藝術工作室
出 版 者：華品文創出版股份有限公司
地址：100台北市中正區重慶南路一段57號13樓之1
讀者服務專線：(02)2331-7103　(02)2331-8030
讀者服務傳真：(02)2331-6735
E-mail：service.ccpc@msa.hinet.net
部落格：http://blog.udn.com/CCPC

總 經 銷：大和書報圖書股份有限公司
地址：台北縣新莊市五工五路2號
電話：(02)8990-2588
傳真：(02)2299-7900
印　　刷：卡樂彩色製版印刷有限公司

初版一刷：2011年11月
初版二刷：2012年2月
定價：平裝新台幣320元
ISBN：978-986-86929-7-8